CLEMENS AMELUNXEN · KÖNIG UND SENATOR

CLEMENS AMELUNXEN

# König und Senator

JEROME UND LUCIEN –
ZWEI BRÜDER NAPOLEONS

CHRISTIANS VERLAG

Umschlagentwurf Andreas Brylka

# INHALT

Einführung                                                          7

   I. Jerome Bonaparte, König von Westfalen –
      Ein Adler mittlerer Größe                                    11

  II. Lucien Bonaparte, Senator von Frankreich –
      Kaiserbruder und Republikaner                               53

 III. Die Geschwister                                              93

Literatur                                                         109

# Einführung

Dieser Studie liegen Vorträge zugrunde, die ich bei Deutsch-Französischen Gesellschaften in der Bundesrepublik, insbesondere bei der Gesellschaft «Cluny» in Hamburg, gehalten habe.

Vielleicht sollte erklärt werden, weshalb mein historisches Interesse unter den Geschwistern Napoleons gerade Jerome und Lucien Bonaparte gilt. Der Grund liegt weniger darin, daß diese beiden – nächst Napoleon selbst – im Urteil ihrer Zeitgenossen und der eigenen Eltern die klügsten und begabtesten Mitglieder der Familie waren. Eher ist es ihr unmittelbares Verhältnis zum großen Bruder, das ihren Lebensweg in ganz unterschiedlicher Weise geprägt hat. Kein Bonaparte wurde stärker von Napoleon beeinflußt als Jerome – und keiner hat sich dessen Einwirkung nachhaltiger entzogen als Lucien.

Bei Jerome wurde schon die Erziehung ganz und gar von Napoleon gesteuert, der sich gegenüber diesem Nesthäkchen der Familie mehr als Vater denn als Bruder fühlte. Gehorsam willigte Jerome in die Ehescheidung ein, die aus politischen Gründen von ihm verlangt wurde. Er nahm selbst die Verfassung seines Königreichs aus der Hand Napoleons entgegen und erwies sich als getreuer Vollstrecker der napoleonischen Staatsidee. Zuletzt blieb er das lebendige Symbol des Empire bis hin zum Zweiten Kaiserreich.

In allem bildet Lucien hierzu den Gegensatz. Er half Napoleon in den Sattel, nicht umgekehrt. Er verweigerte die auch ihm angesonnene Ehescheidung. Als einziger Bonaparte nahm er keine Krone an, sondern blieb Privatmann aus republikanischer Gesinnung. Den Sturz des Kaisers überstand er, weil er in den Augen Europas Napoleon widerstanden hatte.

Wie sich hiernach Anziehungskraft und Abstoßung einer übermächtigen Persönlichkeit in zwei Menschen überkreuzten und die Waage hielten, ist wohl näherer Betrachtung wert.

Ein zweiter Grund der Auswahl Jeromes und Luciens für deutsche Hörer und Leser war es, daß nur diese beiden Geschwister – wenn man einmal von Caroline als Ehefrau Murats, des Großherzogs von Berg, absieht – «kraft Amtes» eine direkte Beziehung zu Deutschland hatten. Bei Jerome, dem König von Westfalen, liegt das auf der Hand. Weniger bekannt ist, daß Lucien als Senator von Frankreich ein ursprünglich deutsches Territorium, einen Eifel-Bezirk mit dem Hauptort Poppelsdorf bei Bonn, im französischen Oberhaus vertreten hat. Wichtiger als diese kurzfristige und eher zufällige Funktion sind freilich Luciens politische und verfassungsrechtliche Ideen, die auch heute noch in Deutschland nicht weniger als in Frankreich Interesse finden sollten.

Es gibt noch einen dritten Grund.

Über kein Mitglied der Familie Napoleons, selbst die

muntere Pauline nicht ausgenommen, sind so viele Unwahrheiten und Halbwahrheiten verbreitet worden wie über Jerome. Und von keinem Mitglied dieser Familie weiß man insgesamt, gerade bei deutschen Freunden Frankreichs, so wenig wie von Lucien. Jerome hat seine Ehrenrettung in Deutschland verdient. Lucien aber verdient gleichermaßen einen höheren Grad der Bekanntheit, denn sein politisches Konzept und sein fester Charakter können der Gegenwart vielfach Beispiel und Vorbild geben.

# I.

## Jerome Bonaparte, König von Westfalen – Ein Adler mittlerer Grösse

Vor dem Tribunal der Geschichte werden zahlreiche falsche Eide geschworen, und der Irrtum ist ein häufiger Zeuge. Es gibt kleine und große Figuren, deren Nachgedächtnis verdunkelt wird durch Legenden und Fabeln, ja durch bewußte Lügen. Manchen Persönlichkeiten bleibt der historische Platz, der ihnen zukommt, jahrhundertelang verweigert. Selten, wenn jemals, finden sie eine späte Rechtfertigung.

Solche Verwirrung umgibt den jüngsten Bruder des Kaisers Napoleon in besonderem Maß. Von Jerome Bonaparte läßt sich nicht einmal sagen, daß sein Bild in der Geschichte schwanke; vielmehr scheint sein Bild ein- für allemal höchst negativ festgelegt zu sein. Der deutsche Patriotismus der Befreiungskriege hat seine Person freilich nur stellvertretend attackiert – gemeint war eigentlich der große Kaiser der Franzosen, nicht der kleine König von Westfalen. Zahllose Verwünschungen und Verleumdungen, die sich an den Bruder nicht heranwagten, aber doch für sein Stammbuch gedacht waren, mußte Jerome für ihn hinnehmen. Und Ehrenrettungen, die Napoleon nach seinem Tod reichlich zuteil wurden, hat er kaum erfahren.

So sind denn die populären Vorstellungen von Jerome Bonaparte, dem «König Lustig», bis heute zementiert wie ein «rocher de bronce». Er gilt als ein Luftikus, Spieler, Schürzenjäger und Verschwender, der sein und anderer Leute Geld zum Fenster hinauswarf, auf Kosten seiner ausgebeuteten Untertanen einen üppigen Tag lebte und angeblich nie ein Buch gelesen hat – außer den Memoiren der großen Hure Dubarry. Die Wahrheit sah anders aus. Es waren weiß Gott nicht die schlechtesten deutschen Patrioten, denen wir ein richtiges Bild von Jerome verdanken könnten.

### Eine Jugend im Schatten des Bruders

Aus dem Schatten des übermächtigen Bruders, in dem er stand, ist dieser Mann, der länger lebte als alle anderen Napoleoniden, vielfach herausgetreten. Er war ein Mensch, der sein Vaterland und die Ehre über alles liebte, der vielen Zeitgenossen Treue und Dankbarkeit erwies, der als Staatsmann hart gearbeitet und als Feldherr schwierige Bataillen gewonnen hat. Mag es ihm gefehlt haben an Fortune, Stehvermögen und Sparsamkeit, so mangelten ihm doch nicht Intelligenz, Charakter und Courage. Verbunden mit seinem Namen bleibt das einzige, keineswegs mißlungene Experiment und Konzept eines Empire-Staates auf deutschem Boden – wenn wir die

Kennzeichnung des Empire in dem Sinne nehmen, wie Napoleon sie einmal ausgedrückt hat: «Jeder Kulturmensch ist auch ein Franzose, gleichgültig, wo er geboren ist!»

Geboren wurde Jerome 1784 außerhalb Frankreichs, im korsischen Ajaccio, wie – außer Joseph – alle seine Brüder und Schwestern. Als letztes Kind der ursprünglich toskanischen Familie Bonaparte-Ramolino auf den lateinischen Namen Hieronymus (italienisch Girolamo) getauft, bestimmte seine Nesthäkchen-Rolle in der achtköpfigen Geschwisterreihe seine Kindheit und frühe Jugend: er wurde verwöhnt, nachsichtig erzogen und gering gebildet. Die Bestimmung zu einem «homme à femmes» prägte sich früh; der Vater Carlo starb drei Monate nach Jeromes Geburt, die ältesten Brüder Joseph und Napoleon waren bald auswärts beschäftigt, und so kümmerten sich um Jerome fast ausschließlich die Frauen – «Madame Mère» Lätizia, unterstützt von ihren Töchtern Elisa, Caroline und Pauline.

Und es sah gar nicht so aus, als habe das Schicksal Großes vor mit dem kleinen Hieronymus. Als er fünf Jahre alt war, mußte seine Familie zufolge innerkorsischer Händel ihren Patriziersitz verlassen und ins Exil nach Marseille übersiedeln. Man lebte dort in bescheidenen Verhältnissen. Mutter Lätizia wusch fremder Leute Wäsche gegen knappen Lohn. Bruder Napoleon, nun anerkanntes Familienoberhaupt, war nach erstem kriegerischem Anlauf gescheitert, ging als arbeitsloser Brigadegeneral der französischen Revolution auf der Cannebière spazieren mit halbem Sold und hoffte für sich und die Seinen auf bessere Zeiten.

Sie kamen durch Vermittlung einer Frau – Josephine Tascher de la Pagerie, Witwe des Generals Beauharnais und Geliebte des mächtigen Direktoriumsmitglieds Paul Barras. Als Napoleon ihm Josephine ausspannte und sie heiratete, erhielt er von eben seinem Nebenbuhler Barras – ein seltenes Beispiel männlichen Edelmuts – als Hochzeitsgeschenk das Oberkommando über die Alpenarmee und startete damit seine zweite Karriere.

Zugleich wendete sich das Schicksal seiner Familie. Die Unterstützungen aus Napoleons Generalsgehalt flossen reichlich, die Namen der Schlachten von Rivoli, Arcole und Lodi waren in aller Mund – die Bonapartes kamen schneller zu Ansehen und Reichtum, als sie die französische Sprache lernten (was einigen von ihnen lebenslänglich nie ganz gelungen ist).

### *Citoyen Hieronymus, nachsichtig erzogen*

Als Napoleon nach Paris zurückkehrte, fand er endlich Zeit, sich um die Ausbildung des fünfzehn Jahre jüngeren Bruders zu kümmern. Er steckte Jerome in die Erziehungsanstalt von Saint-Germain-en-Laye und dann 1797 in das strenge Gymnasium von Juilly. Aber schon zwei Jahre später, als er Erster Konsul geworden war, berief er Jerome in seine unmittelbare Nähe, richtete ihm eine eigene Wohnung in den Tuilerien ein, überschüttete ihn mit Geld und gab ihn dann zu eher mildem Drill in das Eliteregiment der Guiden, das sein Stiefsohn Eugen Beauharnais kommandierte.

Dieser stoßartige Wechsel zwischen Energie und Nachgiebigkeit hat sich zweifellos nicht günstig auf den Jüngling von 15 Jahren ausgewirkt. Jerome lernte rasch, erweckte jedoch bei einigen seiner Lehrer den Eindruck von Faulheit und Oberflächlichkeit. Dieses Stigma teilt er freilich mit vielen Hochbegabten, die dank ihrer Intelligenz schneller auffassen und mit den Studien eher fertigwerden als ihre langsameren Mitschüler – der Fleiß ist für sie keine notwendige Tugend. Und wer wollte es dem jungen, wohlgestalteten Mann verübeln, daß er sich nun im Glanz des großen Bruders sonnte, als die Frauen ihn zu umwerben begannen und die Männer schon sehr tiefe Bücklinge vor ihm machten?

### Der toskanische Charakter

Zwei Episoden aus dieser Zeit sind bezeichnend für den Charakter Jeromes, wie er sich später oft auswies. Einmal kaufte er bei einem Pariser Juwelier ein ebenso kostbares wie unnützes Manicure-Necessaire für 16000 Francs, die Napoleons Sekretär Bourienne bezahlen mußte. Von Napoleon vor versammelter Abendgesellschaft zur Rede gestellt, ob er diesen Luxus tatsächlich brauchte, da bekam er nicht etwa rote Ohren, sondern bekannte ruhig: «Oui, mon frère – so bin ich nun einmal, ich liebe nur die schönen Dinge!»

Der andere Fall war ein Duell, das Jerome aus nichtigem Anlaß mit einem Regimentskameraden, dem Bruder des späteren Marschall Davout, austrug. Ohne Sekundanten, Ärzte und Zeugen gingen die beiden Kinder mit schweren Pistolen aufeinander los. Beim fünften Gang bekam Jerome eine Kugel ins Brustbein, die erst 60 Jahre später bei der Autopsie seiner Leiche gefunden wurde. Auf Vorhaltungen des Bruders gab er die Antwort: «Es tut mir nicht leid, mon frère, denn zu Anfang des Lebens kommt es darauf an, nicht für feige gehalten zu werden.»

Es sind nicht gerade typisch französische Eigenschaften, die sich hier offenbaren. Erinnern wir uns, daß die Familie Bonaparte aus der Toskana stammt – jener einzigartigen mediterranen Landschaft, deren Sonne ganz andere Menschen hervorgebracht hat als das übrige Italien. Der Mensch der Renaissance war und ist dort angesiedelt – diese unvergleichliche Spezies, die besessen ist von der Liebe zum Ruhm und vom Sinn für die Schönheit, von Mut und von Narretei, aber auch von Ungeduld und großer Heftigkeit.

In solchem Sinn schrieb Curzio Malaparte über seine Landsleute, die «maledetti toscani», dieses: «Sie lachen, wenn andere heulen. Aber wenn andere lachen, sehen sie ihnen schweigend ins Gesicht, bis jenen das Lachen vergeht. Wenn sie kniend beten, so sieht das aus, als ständen sie mit gebeugten Beinen – und in die Hölle gehen sie nur, um ihr Wasser abzuschlagen». Von diesem toskanischen Erbe hat Jerome Bonaparte stärkeres Zeugnis abgelegt als seine sämtlichen Geschwister, Napoleon selbst nicht ausgenommen.

## Der Ruhm liegt auf dem Wasser

Die Karriere des Nesthäkchens plante der Erste Konsul mit brüderlicher Liebe. Nach dem Sieg von Marengo lebte Frankreich mit den Festlandsmächten in Frieden. Beim Heer war Lorbeer vorerst nicht zu erringen; der Kriegsruhm, den ein junger Bonaparte brauchte, lag auf dem Wasser – im Kampf gegen England.

Als Seekadett 2. Klasse eingekleidet, überbrachte der 16jährige Jerome im November 1800 dem Admiral Ganteaume in Brest ein Schreiben Napoleons: «Ich schicke Ihnen, Bürger Admiral, den Bürger Jerome Bonaparte, damit er seine Lehrzeit bei der Marine verbringe. Er muß sehr streng gehalten werden, damit er die verlorene Zeit wieder aufholt. Verlangen Sie von ihm, daß er mit Genauigkeit alle Verrichtungen seines Berufes erfülle».

Etwas später schrieb Napoleon an Jerome selbst: «Studieren Sie auf offenem Meer einen Beruf, der Ihren Ruhm begründen soll. Sterben Sie jung, so werde ich mich trösten. Wenn Sie aber 60 Jahre ohne Ruhm leben, ohne dem Vaterland nützlich gewesen zu sein, ohne Spuren Ihres Wirkens zu hinterlassen – das in der Tat hieße, umsonst gelebt zu haben!»

Es hätte des bärbeißigen, wenngleich von verborgener Zärtlichkeit zeugenden Tons kaum bedurft, denn in den beiden folgenden Jahren erbrachte Jerome ansehnliche Beweise der Tapferkeit und der Kriegskunst zur See. Im Mittelmeer nahm er persönlich einen englischen Schlachtschiff-Kommandanten gefangen. Auf Haiti stand er in der «ersten Welle» der Landetruppen, die den dortigen Negeraufstand des Toussaint l'Ouverture niederschlugen, und auch beim Sturm auf die Inselhauptstadt Port-au-Prince war er in vorderster Linie zu sehen. Rasche Beförderungen zum Fähnrich und zum Leutnant zur See waren verdient. Im Alter von noch nicht 18 Jahren wurde Jerome bereits zum Kommandanten der Korvette «Epervier» ernannt, mit der er in den westindischen Gewässern erfolgreich operierte. Auf der Insel Martinique überlebte er einen Gelbfieber-Anfall durch eine selbstverordnete Roßkur, indem er zwei Stunden in einem 40 Grad heißen Wasserbad verbrachte und dann noch einen kräftigen Aderlaß machen ließ. Manchen anderen hätte das auf der Stelle umgebracht – ihn nicht.

### Freundschaft und Finanzen

Während seiner Marinedienstzeit schloß Jerome einige Freundschaften, die von langer und fester Dauer waren. Er vergaß nie die beiden Offizierskameraden Meyronnet und Salha sowie den Pflanzersohn Auguste Le Camus aus Martinique; obwohl sie keineswegs von überragendem Zuschnitt waren, gab er ihnen später hohe Posten in seinem Königreich und entschädigte sie mehr als reichlich für kleine Darlehen, die sie ihm früher gewährt hatten.

Daß Jerome damals (wie zeitlebens) Darlehen und Vorschüsse brauchte, mag verwundern. Immerhin hatte er außer seinem Gehalt als Korvettenkapitän noch 30000 Francs Jahres-Apanage zu verzehren, die Napoleon ihm inzwischen ausgesetzt hatte. Dazu kamen noch Beträge, die «Madame Mère» und die leichtsinnige Schwägerin Josephine dem lieben Jungen unter der Hand zusteckten.

Aber wo viel Licht ist, da gibt es auch Schatten. Jerome hat es leider nie gelernt, in Geldsachen hauszuhalten; selbst die eher geizige Mutter Lätizia konnte ihm den Sinn für Sparsamkeit nicht mehr rechtzeitig vermitteln. So schöpfte er auch dann noch aus dem Vollen, als es keine Fülle mehr gab. Gerechterweise muß gesagt werden, daß er nicht in erster Linie sich selbst, sondern andere mit Geld glücklich machen wollte: wieder eine echt toskanische Neigung, die später von dunklen Ehrenmännern oft in unverschämtester Weise ausgenutzt wurde.

*Erste Liebe eines Seemanns*

Dienstliche Aufträge führten Jerome bald in die Vereinigten Staaten, wo er von Präsident Jefferson ehrenvoll empfangen wurde. Er bezauberte die Salons von Neuengland mit seinem Charme, und die feine Gesellschaft hofierte ihn. Man kann verstehen: das gefiel ihm so gut, daß er es nicht gerade eilig hatte, den Befehl Napoleons zu alsbaldiger Rückkehr und neuem Einsatz zu befolgen, zumal seine stolze Korvette in britische Hand gefallen war. Eine Zeitlang ließ er Napoleon sogar in dem Glauben, er sei von den Engländern gefangengenommen worden.

Tatsächlich war nur sein Herz in Gefangenschaft geraten. Mit allem Elan, dessen ein Toskaner fähig ist, hatte er sich in Baltimore in die Tochter eines eingewanderten schottischen Kaufmanns, Elisa Patterson, verliebt. Das Mädchen galt als eine Schönheit und war es wohl auch. Zudem besaß Elisa Geist und Witz, nicht zuletzt war sie Erbin eines bedeutenden Vermögens.

Noch wenige Jahre zuvor wäre eine reiche Kaufmannstochter für jeden Bonaparte eine gute Partie gewesen: als Bruder Joseph seine Julie Clary heiratete, war sie der ganzen Familie als Schwiegertochter und Schwägerin hochwillkommen, schon weil sie Geld mitbrachte. Aber das Rad der Geschichte hatte sich weitergedreht, Napoleon war schon fast der mächtigste Mann Europas – wenn nun ein Napoleonide sich mit einer «Bürgerlichen» verbinden wollte, so war das plötzlich eine untragbare Mesalliance.

Jerome, alles andere als ein Dummkopf, ahnte das wohl. Mit Hilfe des spanischen Gesandten in Washington erschlich sich der 19jährige im Dezember 1803 eine kirchlich-katholische Trauung in aller Stille, und der bewährte Kumpan Le Camus spielte den Trauzeugen. Erst ein Vierteljahr später informierte Jerome seine Familie eher beiläufig von dem vollzogenen Schritt – wohlweislich zunächst in einem Brief an die Mutter, nicht an den gefürchteten Bruder. Auch der alte Patterson war skeptisch geblieben, ob diese Ehe wohl die – nach französischem Recht für einen Minderjährigen erforderliche – Sanktion der Familie Bonaparte finden würde. Er befreite den Schwiegersohn zwar von seinen Schulden, die sich wieder einmal aufgehäuft hatten, sorgte aber als echter Schotte auch für einen Ehevertrag, nach dem Elisa für den Fall der Scheidung oder Trennung ein Drittel des gegenwärtigen und künftigen Vermögens ihres Mannes zustehen sollte.

Napoleon, inzwischen Kaiser geworden, tobte, als er von der Heirat erfuhr. Er verweigerte seinen Konsens als Familienoberhaupt, schloß Jerome von der Thronfolge aus und befahl ihm, sofort ohne «diese Frau» zurückzukehren. Er gab Order, die Demoiselle Patterson, falls sie es wagen sollte, französischen Boden zu betreten, sofort festzunehmen und mit dem nächsten amerikanischen Schiff in ihre Heimat abzuschieben.

Jerome, der endlich kleinlaut im Frühjahr 1805 auf einem schlichten Handelskahn in Europa eintraf, versuchte vergeblich, dem Bruder seine Frau zu präsentieren und ihn durch persönlichen Eindruck umzustimmen. Er geriet unter konzentrisches Feuer: Madame Mère und sämtliche Schwestern lagen ihm in den Ohren, sich von Elisa zu trennen und die Verzeihung Napoleons zu erwirken. Der Kaiser schrieb ihm einen groben Brief: «Ihre Verbindung mit Demoiselle Patterson ist nach Auffassung der Religion und des Gesetzes null und nichtig. Schreiben Sie ihr, daß sie nach Amerika zurückkehren möge. Ich werde ihr eine lebenslängliche Jahrespension von 60 000 Francs aussetzen unter der Bedingung, daß sie keinesfalls meinen Namen trägt oder führt; hierauf hat sie keinen Anspruch, da eine rechtliche Verbindung mit Ihnen nicht besteht!»

## Scheidung aus Gehorsam

Und Jerome kroch zu Kreuze – er leistete Verzicht und warf sich in die Arme des großen Bruders. Es war vielleicht unzumutbar, von einem Zwanzigjährigen die gleiche Standfestigkeit zu verlangen, die sein zehn Jahre älterer Bruder Lucien bewies: der trennte sich nicht von seiner bürgerlichen Frau Alexandrine und blieb als einziger Bonaparte ohne Thron und Krone; er zahlte den Preis für eine lange, glückliche Ehe als Privatmann. Wenn dies von Format zeugte, dann hatte Jerome solches Format freilich nicht.

Elisa Patterson – deren Ehe von dem völlig unzuständigen Generalvikar des Erzbistums Paris auf Befehl Napoleons annulliert wurde – hat sich in der Folgezeit keineswegs um die Auflage gekümmert, den Namen Bonaparte nicht zu führen. Sie bewahrte Jerome zeit ihres Lebens ein gutes Andenken und taufte ihren Sohn (in Amerika kurz «Bo» genannt) auf seinen Namen. Später als König wollte Jerome sie in den Rang einer Fürstin von Schmalkalden erheben. Sie war stolz und taktvoll genug, das abzulehnen. Ein abschließendes Urteil über Elisa –

die alle Napoleoniden, auch ihren einstigen Ehemann, überlebte – können wir dem klugen Fuchs Talleyrand anvertrauen, der sie kennengelernt hatte: «Welch eine Königin hätte diese Frau abgegeben! Napoleon hat sie nie gesehen; er irrte sich sehr in der Meinung, sein Bruder hätte eine Mesalliance geschlossen».

### Kaiserlicher Prinz, standesgemäß verheiratet

Der Kaiser, sonst gewiß ein guter Menschenkenner, wußte das Opfer zu würdigen. Er beförderte den immer noch minderjährigen Jerome zum Fregattenkapitän und verdreifachte seine Apanage. An den Marineminster Decrès schrieb er: «Monsieur Jerome hat Geist, Charakter und Entschlußkraft» – und dem verdutzten Polizeiminister Fouché wurde bündig mitgeteilt: «Monsieur Jerome hat seine Fehler eingesehen; er verspricht, Wunder zu verrichten!»

In der Tat: Jerome, auf dem Feld der Liebe geschlagen, warf sich mit verdoppeltem Eifer auf die Kriegskunst. Zunächst beförderte er sich gleich selbst um einen vollen Dienstgrad, indem er – toskanisch unbekümmert – die Uniform eines Kapitäns zur See anzog. Mit dem kleinen Geschwader, das er nun kommandierte, befreite er 200 Christensklaven aus den Händen des islamischen Dey von Algier (das wäre, auf heutige Geisel-Aktionen bezogen, nur mit den Jubeltagen von Entebbe und Mogadischu zu vergleichen). Dann bekam er ein Schlachtschiff.

Er störte den englischen Seeweg am Kap der Guten Hoffnung, kreuzte vor Brasilien auf und kaperte schließlich eine ganze Flotte von 16 britischen Handelsschiffen bei den Azoren.

Paris vergaß die Niederlage von Trafalgar und stand vor Freude kopf. Die Familie jubelte über das Nesthäkchen, und Napoleon schüttete sein Füllhorn aus: Jerome wurde 1806 kaiserlicher Prinz, erhielt das Großkreuz der Ehrenlegion und die Ernennung zum Konteradmiral. Nicht genug damit – auch für eine standesgemäße Heirat wurde gesorgt. Die zweite Frau für Jerome fand Napoleon in der Person der Prinzessin Katharina, Tochter des Königs Friedrich von Württemberg, der inzwischen Mitglied des Rheinbunds geworden war.

## *Fortune braucht man in Schlesien*

Ehe Jerome den vorläufigen Gipfel seines Lebens erreichte, bewies er im Krieg gegen Preußen, daß er als Soldat nicht nur zu Wasser etwas taugte. Als Divisionsgeneral mit dem Kommando eines Armeekorps beauftragt, hatte er wesentlichen Anteil an der Eroberung der schlesischen Festungen Breslau und Glogau; deren Kommandanten dachten nämlich nicht daran, dem Beispiel ihrer hasenherzigen Kameraden zu folgen und kampflos zu kapitulieren.

Bezeichnend für Jerome war auch in diesem Feldzug, daß er sich immer wieder bei den Vorposten aufhielt und von langwieriger Belagerung nichts hielt. Napoleon selbst mußte ihn belehren: «Man kann eine Festung nicht stürmen, ohne vorher eine Bresche geschossen zu haben!» Truppen führte Jerome so, wie er Pferde ritt: gegen alle Regeln der Kunst, unorthodox und schulmäßig miserabel, aber immer draufgängerisch und in gestreckter Karriere, oft bis zur totalen Erschöpfung – auch der eigenen.

Angesichts seiner militärischen Leistungen war es selbstverständlich, daß auch Jerome – wie schon vor ihm die Brüder Joseph und Louis – die Königskrone eines besiegten Landes erhalten würde. Eine Zeitlang wiegte er sich ernsthaft in der Hoffnung, auf den Thron von Preußen gesetzt zu werden. Es waren ja nicht die Tränen der Königin Luise, sondern die Vorstellungen des Zaren Alexander wie auch eigene staatsmännische Einsichten, die Napoleon bewogen, in Preußen die angestammte Dynastie auf reduziertem Gebiet zu erhalten. So fiel, als Frucht des Tilsiter Friedens von 1807, Jerome ein anderes Territorium zu: das Königreich Westphalen – mit «ph» geschrieben.

### Das mehrfach geflickte Königreich

Dieses «Westphalen» war eine künstliche Schöpfung, die mit der alten historischen Landschaft gleichen Namens wenig zu tun hatte. Die westfälischen Kernbezirke Münsterland, Börde und Sauerland gehörten dem neuen Gebilde gar nicht an. «Westphalen» wurde räumlich ebenso seltsam nach Osten verschoben, wie etwa Polen nach dem Zweiten Weltkrieg umgekehrt in den Westen verlagert wurde: was hinten wegfiel, das wurde vorn hinzugefügt.

Wichtigster Bestandteil wurde das bisherige Kurfürstentum Hessen-Kassel. Der alte Kurfürst Wilhelm hatte das seltene Talent deutscher Fürsten besessen, sich zwischen sämtliche Stühle zu setzten: er war General in der preußischen Armee, hatte seine eigenen Landeskinder als Soldaten nach England verkauft und zugleich vergebens versucht, sich bei Napoleon anzubiedern. Sein Staat wurde ebenso kassiert wie das Herzogtum Braunschweig. Hinzu kamen die westelbischen Gebiete, die Preußen abtreten mußte: die Altmark, Halberstadt und Magdeburg, dazu Paderborn, Minden und Bielefeld. Drei Jahre später wurde Westfalen vorübergehend noch um einen Teil des alten Kurfürstentums Hannover vergrößert. Anhalt und Lippe-Detmold blieben hingegen bis zuletzt als selbstständige Enklaven-Staaten erhalten, waren jedoch mit Westfalen durch Zollunion verbunden.

So lag das geographische Zentrum des seltsam geflickten Königreichs etwa bei Hildesheim. Die Grenzen waren im Osten die Elbe, im Westen Lippe und Ems, im Süden der Harz, im Norden die ungefähre Linie Verden-Lauenburg. Ein Zugang zum Meer, wie Jerome ihn dringlich wünschte, bestand niemals. Aber mit (später) etwa 30 000 Quadratkilometern – so groß wie das heutige Belgien – und fast drei Millionen Einwohnern war dies doch keineswegs ein Duodezstaat oder ein Zaunkönigreich; im Rheinbund, dem es sofort beitreten mußte, wurde es nur von Bayern und Sachsen an Größe und Volkszahl knapp übertroffen.

Geschichte, Tradition und Verfassung der westfälischen Landschaften waren ebenso buntscheckig, wie die Rechtslage der Einwohner unterschiedlich war. Während König Friedrich Wilhelm III. loyalerweise seine preußischen Untertanen in den abgetretenen Gebieten vom Treueid entband, dachten die verjagten Landesherren von Kurhessen und Braunschweig nicht daran, gleiches zu tun.

## Die napoleonische Staatsidee

Wenn Napoleon das neue Reich zu einer Einheit zusammenschweißen wollte, so verfolgte er hierbei drei Zwecke. Einmal sollten natürlich Jeromes Verdienste belohnt und es sollte – mit dem nördlichen Eckpfeiler des Rheinbunds – ein Bollwerk gegen Preußen geschaffen werden. Wichtigstes Ziel aber war es, das Modell eines «nouveau état» aufzurichten, die Menschenrechte und Grundfreiheiten, das Erbe der Revolution, von Frankreich auf deutschen Boden zu importieren und den Deutschen beispielhaft zu zeigen, welchen Nutzen die napoleonische Herrschaft auch ihnen bringen konnte. Hier, im Herzen Deutschlands, sollte ein Stück des umfassenden «Empire» gestaltet werden, das sich nach der Staatsphilosophie des Kaisers ja keineswegs auf die französische Nation beschränken sollte, das für alle Westeuropäer gedacht war.

Napoleon beurteilte Jerome objektiv genug, um zu wissen, daß der immer noch blutjunge Mann überfordert würde, wenn er alsbald ohne Anleitung und Vorbereitung eine so delikate politische Aufgabe übernehmen müßte. So schickte er, der sich um alles kümmerte, die besten Männer der Verwaltung und Justiz, die er in Frankreich entbehren konnte, gewissermaßen als Vorkommando in die neue Hauptstadt Kassel, damit sie als «Regenten» den westfälischen Staat aus der Taufe höben: den bedeutenden Juristen Siméon, Mitverfasser der Gesetze des Code Napoléon, und den erfahrenen Präfekten Beugnot, der sich in Rouen Verdienste erworben hatte und sich später in Düsseldorf als Verwaltungschef bewähren sollte.

Schon im Juli 1807 hatte Napoleon seinem Bruder brieflich mitgeteilt, daß er zum König von Westfalen erhoben sei. Einige Monate später, an seinem 23. Geburtstag, erhielt Jerome ein Schreiben des Kaisers, das deutlich machte, welche Vorstellungen Napoleon hegte:

«Mein Bruder! Beiligend finden Sie die Verfassung Ihres Königreichs! Sie müssen sie getreulich befolgen. Das Glück Ihrer Völker liegt mir nicht nur um Ihres und meines Ruhmes willen am Herzen, sondern auch im Hinblick auf die allgemeine europäische Politik. Hören Sie nicht auf diejenigen, die Ihnen sagen, Ihr an Knechtschaft gewöhntes Volk würde Ihre Wohltaten mit Undank vergelten. Man ist in Westfalen aufgeklärter, als man Ihnen zugestehen möchte, und Ihr Thron wird in der Tat nur auf dem Vertrauen und der Liebe Ihrer Untertanen befestigt sein. Was aber das deutsche Volk am sehnlichsten wünscht, ist, daß diejenigen, die nicht von Adel sind, durch ihre Fähigkeiten gleiche Rechte auf Auszeichnung und Anstellung haben; daß jede Art Leibeigenschaft und vermittelnde Obrigkeit zwischen dem Souverän und der untersten Volksklasse aufgehoben werde!»

Weiter hieß es in diesem bemerkenswerten Brief:

«Ihr Königtum muß sich auszeichnen durch die Wohltaten des Code Napoléon, durch das öffentliche Gerichtsverfahren und die Einrichtung der Schwurgerichte. Wenn ich offen sein soll, so rechne ich hinsichtlich der Ausdehnung und Stärkung Ihres Reiches mehr auf deren Wirkungen als auf die Ergebnisse der glanzvollsten Siege. Ihr Volk muß sich einer Freiheit, einer Gleichheit, eines Wohlstands erfreuen, wie das alles den übrigen Völkern Deutschlands unbekannt ist. Eine solche liberale Regierung muß für die Politik des Rheinbundes und für die Macht Ihres Reiches die heilsamsten Veränderungen hervorbringen. Sie wird Ihnen eine mächtigere Schranke gegen Preußen sein als die Elbe und alle Festungen!»

Der Kaiser schloß:

«Welches Volk wird zu der willkürlichen preußischen Verwaltung zurückkehren wollen, wenn es einmal die Wohltaten einer weisen und liberalen Regierung genossen hat? Die Völker Deutschlands, Frankreichs, Italiens und Spaniens wünschen Gleichheit und aufgeklärte Ideen. Seien Sie ein konstitutioneller König! Dadurch werden Sie große Macht in der öffentlichen Meinung gewinnen und einen natürlichen Vorteil gegenüber Ihren Nachbarn, die sämtlich absolute Fürsten sind.»

Das waren große, bewegende Worte, und nicht weniger eindrucksvoll staatsmännisch fiel die Proklamation aus, die Jerome bei seinem Regierungsantritt in Kassel an sein Volk erließ – nun als «Hieronymus Napoleon, von Gottes Gnade und durch die Konstitutionen König von Westphalen, Kaiserlicher Prinz». Da war die Rede von einem neuen Vaterland, das an die Stelle der alten Lehnsherrschaft treten sollte; vom Gesetz, das allein die Obrigkeit darstellen werde; von der Pflicht des Königs, sein Volk glücklich zu machen; von Freiheit und Gleichheit aller Bürger nach dem Vorbild einer großen Nation.

Die westfälische Verfassung war, für zeitgenössische Begriffe, modern und fortschrittlich. Jerome, der zugleich Mitglied des Hauses Bonaparte blieb, war kein absoluter Herrscher. Gesetzentwürfe wurden in einem vom König ernannten «Staatsrat» vorbereitet und dann einer gewählten 100-köpfigen «Ständeversammlung» zur Diskussion und Entscheidung vorgelegt. Vier verantwortliche Minister führten die Verwaltung des Reiches, das in acht Departements unter Präfekten, weiterhin in Distrikte und Munizipalitäten gegliedert war. Die Richter wurden unabhänig und im Prinzip unabsetzbar. Bürgerliches Gesetzbuch Westfalens wurde der Code Civil.

Französisch und Deutsch waren grundsätzlich gleichberechtigte Amtssprachen. Die Gesetze und Dekrete wurden in beiden Sprachen verkündet. In der Praxis sah es so aus, daß im Kabinett und im Staatsrat französisch, in der Ständeversammlung und bei den Gerichten deutsch gesprochen wurde, während die Mittel- und Unterbehörden ihre Berichte an die Regierung in Französisch abfaßten, miteinander aber in deutscher Sprache verkehrten. Erinnern wir uns, daß damals an vielen deutschen Höfen die französische Sprache durchaus gegenüber der deutschen bevorzugt wurde – die Zeit des Alten Fritz, der nie richtig Deutsch gelernt hatte, lag noch nicht weit zurück.

Der junge König Hieronymus warf sich mit dem gleichen Eifer, mit dem er Schiffe und Divisionen geführt hatte, auf die Regierungskunst und die Verwaltungsgeschäfte. Die Bürger empfingen ihn mit Vorschußlorbeer und jubelten ihm zu. Die Studenten der Universitäten Marburg, Göttingen, Halle und Helmstedt brachten ihm Fackelzüge, und den unbeliebten früheren Landesfürsten weinte kaum jemand eine Träne nach. Beim deutschen Adel, auch außerhalb Westfalens, begann nach dem Zeugnis des Ministers von Wolffradt ein «Rennen, Jagen und Laufen», nach Stellungen am Hofe zu Kassel.

So hatte Jerome auf Schloß Wilhelmshöhe, das nun «Napoleonshöhe» hieß, einen guten Start. Und er bestätigte die Meinung seines Bruders, er halte nichts von dem Sprichwort, daß jemand erst dann befehlen könne, wenn er vorher gehorchen gelernt habe – es ist erstaunlich, was dieser junge Mann, der weder Gehorsam noch Wissenschaft gelernt hatte, nie eine Prüfung ablegte und keinerlei Verwaltungserfahrung besaß, in kürzester Zeit reformierte und leistete.

Gemäß der Verfassung und nach eigenen Ideen beseitigte Jerome das Lehnswesen und die Leibeigenschaft, die Hand-, Spann- und Frondienste der Bauern und die Privilegien des Adels. Er liberalisierte den Handel, indem er Binnenzölle abschaffte und die Zahl der verbrauchssteuerpflichtigen Waren von 1700 auf ganze zehn verringerte. Er führte die allgemeine Schulpflicht ein und ließ 30 000 Kinder kostenlos gegen Krankheiten impfen. Er organisierte und vereinfachte Justiz und Verwaltung nach französischem Muster, wodurch der Geschäftsgang der Behörden beschleunigt und dennoch Personal eingespart wurde. Die 18 000 Juden des Reiches wurden von der diskriminierenden Sondersteuer befreit und erhielten erstmals zivile Gleichberechtigung.

Der König suchte den Kontakt zum einfachen Volk, kümmerte sich um einzelne Petitionen und förderte die schönen Künste, wie man es unter dem kurfürstlichen Banausen Wilhelm nie erlebt hatte.

### Das Zeugnis der Zeitgenossen

Wir besitzen sehr unverdächtige Zeugnisse über die Tätigkeit Jeromes aus den Jahren 1807 bis 1810. Sie stammen von ausländischen Gesandten am Kasseler Hof, die kritisch dachten und eher geneigt waren, ihren Herrschern Ungünstiges über den französischen Parvenu zu berichten. Dennoch überwogen eindeutig die positiven Urteile.

So schrieb etwa der preußische Geschäftsträger von Küster 1808 an König Friedrich Wilhelm III.: «Was mir in Kassel das meiste Vergnügen bereitet, ist das Erlebnis einer aufgeklärten und gerechten Verwaltung. Es ist nicht zweifelhaft, daß dieser neue Staat, dessen Herrscher mit Bedacht und Entschlossenheit nur das Gute will, bald zu einem hohen Grad der Vollkommenheit und des öffentlichen Wohlstands gelangen wird.» Interessanterweise hat von Küster den König Jerome als denjenigen bezeichnet, der unter allen Brüdern des Kaisers am meisten mit Energie und eigenem Willem ausgestattet sei.

Der holländische Gesandte General van Hagendorp wußte zu berichten, daß der König viel und unermüdlich bis in die Nacht hinein arbeite. Der Gesandte von Hessen-Darmstadt, Baron von Moranville, meldete nach Hause, der König führe stets selbst den Vorsitz im Staatsrat, und fügte hinzu: «Obwohl der Staatsrat durchweg aus klugen Männern besteht, kann niemand mit dem König an Geistesschärfe wetteifern.» Die deutschstämmigen Minister Westfalens bestätigen all dies übereinstimmend in ihren Memoiren und vergessen nicht zu erwähnen, daß der König ihnen scharf auf die Finger gesehen und sie in allen Einzelheiten kontrolliert habe.

Eine ausgewogene Beurteilung verdanken wir schließlich dem französischen Gesandten Baron von Reinhard, den Napoleon als Aufpasser und Vertrauensmann nach Kassel geschickt hatte. Dieser Mann – als enger Freund

Goethes ein bedeutender Kopf, dem Theodor Heuss in seinem Buch «Schattenbeschwörung» ein elegantes Kapitel gewidmet hat – schrieb an den Kaiser: «Niemand übt einen direkten oder indirekten Einfluß auf den König aus. Seine Wünsche äußern sich oft, sind aber stets bestimmt. Seine Entscheidungen beruhen immer auf einem schnellen Entschluß, der mehr aufgrund des Nachdenkens als des Studiums gefaßt wird. Nichts ist der Leichtigkeit und Würde zu vergleichen, womit der König repräsentiert. Nichts erscheint affektiert; die Krone, die er trägt, drückt ihn nicht, weil er sich würdig fühlt, sie zu tragen.»

So ist insgesamt wohl das Urteil des Historikers Cassan gerechtfertigt, nach dem Jerome ebensowohl zu verwalten wie zu kämpfen verstanden hat.

### Eine Regierung mit Elan und Hemmung

Den mehrfach geäußerten Wunsch Napoleons, daß Westfalen ein deutscher Staat sein und vornehmlich von Deutschen getragen werden sollte, hat Jerome – entgegen späteren Behauptungen der Hurrapatrioten – weitgehend verwirklicht. Dabei ist es ihm freilich kaum gelungen, Nichtadligen den Vorzug zu geben, wie es weiterhin Napoleons erklärten Vorstellungen entsprach. Das nötige Reservoir an erfahrenen Justiz- und Verwaltungskräften war damals im «dritten Stand» einfach noch nicht vorhanden, und er hatte nicht die Zeit, dies aufzubauen.

Im übrigen jedoch: es wimmelte in diesem Staat von großen und bedeutenden deutschen Namen, deren Träger wichtige Posten innehatten. Zu nennen sind die Prinzen von Salm, von Hohenzollern-Hechingen und von Hessen-Philippstal, die Grafen von Merveldt, von Pückler, von Schulenburg, von Bocholtz und von Waldburg, die Freiherren von Münchhausen, von Pappenheim, von Schlotheim und von Metternich. Von den vier Ministern waren zwei (Inneres und Finanzen) stets Deutsche, später von fünf Ministern gar drei: von Wolffradt, von Bülow und, als einziger «Bürgerlicher», der erst später geadelte Malchus. Die meisten Staatsräte und natürlich alle Mitglieder der Ständeversammlung waren Deutsche, ebenso sämtliche Präfekten, die Unterpräfekten und die Bürgermeister – wenngleich «Maires» genannt. Unter den Deutschen überwog das hessische und braunschweigische Element bei weitem das preußische.

Man kann es so zusammenfassen: der Hof und die Regierung waren nur teilweise französisch, Verwaltung und Justiz aber waren vollkommen deutsch.

Aus den Kabinetts- und Staatsratssitzungen wird berichtet, daß Jerome vorzugsweise die deutschen Minister und Räte um ihre Meinung gefragt habe – gerade auch dann, wenn sie Schwierigkeiten mit der französischen Sprache hatten. Der König berief den prominenten Geschichtsschreiber Johannes von Müller zum Leiter des Unterrichtswesens und beschäftigte den jungen Jakob Grimm als Hofbibliothekar. Beide Männer haben ihm später Lob und Anerkennung gezollt. Und es war auch nicht die Schuld Jeromes, wenn überempfindlicher deutscher Adelsstolz sich verletzt fühlte – so, als der Landgraf von Rheinfels die ihm angebotene Kammerherrenwürde mit dem bissigen Bemerken ablehnte, Kammerherren habe er selber.

## Der Hof amüsiert sich

Die eigentlichen Vorwürfe der Gegner Jeromes entzündeten sich am Leben des Hofes zu Kassel. Sie halten einer nüchternen Prüfung nur teilweise stand. Es ist bis heute anonymes Geschwätz geblieben, daß Jerome in Champagner und Burgunder gebadet habe; kein ernstzunehmender Historiker hat dafür je die Verantwortung übernommen. Mehrfach bezeugt ist hingegen, daß er persönlich anspruchslos gelebt hat. Sein Frühstück bestand aus einer Tasse Schokolade und einem Brötchen, er war Nichtraucher, trank weder Schnaps noch Likör und Champagner seltener als Napoleon noch auf St. Helena; den Rotwein mischte er zur Hälfte mit Wasser. Üppiger ging es bisweilen zu bei den «Schau-Essen» der Majestäten an der Hoftafel; Mitglieder der Ständeversammlung waren manchmal zum «Beiwohnen» geladen, nicht aber – sehr zur Enttäuschung der «Ungefrühstückten» – zum erwarteten Mit-Essen.

Kein Zweifel besteht allerdings daran, daß am Hofe Jeromes flott gelebt wurde – allzu verschwenderisch für die Verhältnisse eines mittleren Staates, der von Kriegen und

Kontributionen erschöpft war. Eine Veranstaltung jagte die andere; es gab Operetten, Pfänder- und Schäferspiele, Bootsfahrten auf Werra und Fulda, Maskenbälle und Schlittenpartien. Und wenn man sich nachts ermüdet zur Ruhe begab, hörte man gern die Parole Jeromes: «Morgen wieder lustik» – einige der wenigen deutschen Worte, die er zu lernen für nötig hielt, und die ihm den Spitznamen «König Lustig» eintrugen.

Obwohl Jerome eine jährliche Zivilliste von fünf Millionen französischer Francs erhielt, kam er damit nie aus und machte ständig Schulden. Napoleon mußte ihn darauf hinweisen, daß der große österreichische Kaiserhof sich mit der Hälfte dieser Summe begnüge, und daß der König von Preußen auch in seinen glücklichsten Zeiten nie mehr als drei Millionen verbraucht habe. Im Jahre 1809 donnerte der Kaiser seinen Bruder an: «Ihr Luxus ist unpolitisch und verderblich für Ihre Staaten! Verschwenden Sie nicht in so unsinniger Weise! Gehen Sie zeitig zu Bett und leben Sie regelmäßiger!»

Wenn man nach Entschuldigung oder doch Erklärung sucht, so wird man sie nicht allein in der jugendlichen Unreife des Monarchen finden können, wie Napoleon es sah. Aber ich bemerkte schon: Jerome verschwendete weniger für sich selbst als für andere. Wenn ein General der westfälischen Armee das gleiche Gehalt bekam wie ein Marschall von Frankreich, wenn in Kassel alles aus Gold sein mußte, was in Paris aus Silber war, wenn der Hofstaat immer zahlreicher wurde, ein Kammerherr nach dem anderen zum Baron oder Grafen befördert und mit Dotationen überhäuft wurde – so lag das an des Königs unbezähmbarer Großzügigkeit, dem toskanischen Hang, Glück um sich her verbreiten zu wollen, um als Wohltäter dem lieben Gott etwas ähnlicher zu werden. Seinen Ministern hat Jerome einmal gesagt, im Königsein sehe er nur die Freude, andere beschenken zu können.

Mit übertriebener Dankbarkeit sah Jerome Verdienste auch dort, wo sie kaum vorhanden waren. Seinen alten Freund, den Kolonialpflanzer Le Camus aus Martinique, machte er nicht nur zum Außenminister, sondern erhob ihn auch zur Erbitterung der Deutschen in den Rang eines Grafen von Fürstenstein mit 40000 Francs Jahresrente. Le Camus, der natürlich auch nicht Deutsch lernte, konnte den Namen seiner Grafschaft selbst kaum aussprechen – es klang bei ihm immer wie «Furchetintin» oder so ähnlich. Ein deutscher Hofmann von echterem Adel schrieb ihm einmal einen Brief, über dessen Adresse ganz Kassel lachte: «An seine Exzellenz den Herrn Minister des Äußeren, Grafen von Fürstenstein, geborenen Le Camus». Gesandter Reinhard schrieb über diesen Mann: «Das einzig Schlimme an ihm ist, daß er nichts Gutes bewirkt».

Im Militärwesen wurde ebenfalls viel und großzügig befördert. Einen biederen Obristen der westfälischen Armee, der sich bei ihm vorstellte, pfiff Napoleon einmal an: «In meinem Heer wären Sie nicht einmal Feldwebel geworden!»

Unstreitig ist auch, daß Jerome ein Frauenheld war, der seine brave, unförmig dicke Königin Katharina nicht nur gelegentlich, sondern gewohnheitsmäßig nach Strich und Faden betrogen hat. Das geschah mit wechselnden Favoritinnen, unter denen nur die Freifrau von Pappenheim, die Komtess von Merveldt, die Baronin von Keudelstein und die Gräfin von Bocholtz stellvertretend genannt seien. Ein Hofmann, der seine Frau dem König zuführte, konnte auf raschere Karriere hoffen. Nicht selten verzögerten sich Theateraufführungen mitten im Stück, weil der König in seiner verhängten Loge noch mit einer Schauspielerin beschäftigt war, die im nächsten Akt aufzutreten hatte.

Wer sich darüber empört, sollte bedenken, daß es an den europäischen Höfen jener Zeit fast ausnahmslos ebenso zuging. Das Treiben Jeromes unterschied sich von dem anderer gekrönter Häupter, alt oder jung, immerhin in einem bemerkenswerten Punkt. Die Favoritinnen wurden bei ihm niemals Mätressen, die irgendeinen Einfluß auf die Staatsgeschäfte ausgeübt hätten. Wenn Jerome merkte, daß eine seiner Herzdamen nach der Macht greifen wollte, hat er sich immer schnell von ihr zu trennen gewußt. Hingegen besprach er wichtige Staatsgeschäfte oft früher mit seiner Ehefrau, deren Klugheit und Loyalität er schätzte, als mit seinen Ministern. Mißachtung oder Beleidigung der Königin hat er nie geduldet – sehr im Gegensatz etwa zu einem großen preußischen

König, der seine Ehefrau mit den Worten: «Das ist meine alte Kuh» den ausländischen Gesandten vorstellte; ganz anders auch als der Schwedenkönig Gustav Adolf, der seine Frau öffentlich als «malum domesticum», sein häusliches Übel, beseufzte.

Nur am Rande ist zu erzählen vom «Orden der westphälischen Krone», den Jerome stiftete – weil er mit einigem Recht meinte: «So etwas wird den Deutschen sehr gefallen». Hier verließ ihn der sonst gute Geschmack. Die blau-goldene Dekoration, die man übrigens noch im Pariser Museum der Ehrenlegion besichtigen kann, stellte äußerlich fast einen zoologischen Garten dar: die historischen Wappentiere aller westfälischen Landschaften, vom Löwen bis zum Pferd, waren höchst unheraldisch unter dem französischen Adler versammelt – der trug einen Jupiterblitz und im Schnabel das dräuende Spruchband: «Ich vereinige sie!» Als Napoleon das erste Großkreuz des Ordens erhielt, warf er es indigniert in die Ecke mit dem Bemerken: «Zuviel Viehzeug!»

In Westfalen war der Orden von Franzosen wie von Deutschen heiß begehrt. Von den Damen hieß es freilich, es ständen diejenigen in besserem Ruf, die ihn nicht bekommen hätten ...

Wenn es trotz vieler positiver Ansätze schon etwa zwei Jahre nach Jeromes Regierungsantritt mit Westfalen abwärts ging, so lag das nicht wesentlich an den unnützen Geldausgaben des Königs; ein paar Millionen mehr oder weniger hätten da kaum eine Rolle gespielt. Aber der neue Staat war von Beginn an überlastet mit Verpflichtungen und Forderungen, die im Interesse des Empire erfüllt werden sollten.

Westfalen mußte an Frankreich eine Kriegsentschädigung zahlen, die mit 25 Millionen Francs mehr als die Hälfte der staatlichen Jahreseinkünfte betrug. Es hatte ein Heer von 25 000, später gar 35 000 Mann für die napoleonische Kriegsführung bereitzustellen, sodaß alle Jungbürger der Konskription für die Armee unterlagen. Das Kriegsbudget übertraf mit 28 Millionen Francs die Summe aller übrigen Posten des Staatshaushalts. Ein französisches Besatzungskorps von 12 000 Mann mußte aus dem Land unterhalten werden. Die Hälfte der Domänen und Krongüter hatte Napoleon sich zur Belohnung verdienter französischer Offiziere reserviert.

Die Kontinentalsperre gegen England wirkte sich in diesem nördlichsten Rheinbundland, das viele Güter von der Nordsee über Bremen und Hamburg importiert hatte, immer drückender aus. Die Gebietserweiterungen durch die hannoverschen Lande im Jahre 1810 brachten nur wirtschaftliche Nachteile, da diese Territorien hochverschuldet waren, zudem schon ein Jahr später wieder weggenommen und Frankreich zugeschlagen wurden.

Jerome hat, wie sein Briefwechsel mit dem kaiserlichen Bruder ausweist, jahrelang hartnäckig versucht, sich den wachsenden finanziellen Forderungen Napoleons zu widersetzen und Erleichterungen für sein Land zu bekommen. Er schlug dabei so energische Töne an, daß Napoleon zu Talleyrand sagte: «Ich glaube, wenn er 300000 Mann hätte, würde er mir den Krieg erklären!» Einen Teil dieser Brandbriefe ließ der Kaiser einfach unbeantwortet; einige erwiderte er mit dem Hinweis auf unverzichtbare Bedürfnisse seiner Armee – was aus seiner Sicht natürlich gerechtfertigt war; den Rest wies er ab mit «Retourkutschen», Jeromes luxuriöse Hofhaltung betreffend – auch diese Vorhaltungen waren gewiß verdient, erfaßten aber nicht der Misere springenden Punkt, der eben kein westfälischer war.

### Rebellion und Resignation

Preußische, kurhessische und braunschweigische Agententätigkeit unter den Bürgern und Soldaten, die immer unzufriedener wurden, führten im Jahre 1809 zu den Aufständen des Obristen von Dörnberg, der «Schwarzen Schar», des Freiherrn von Katte und des Majors von Schill, die sämtlich niedergeschlagen wurden. Jerome verfuhr mit den Aufrührern, die teilweise einen ihm geschworenen Treueeid gebrochen hatten, erstaunlich milde – soweit sie nicht, wie die Schill'schen Offiziere, seiner Jurisdiktion entzogen und hingerichtet wurden; von dem tollkühnen Unternehmen Schill hatte sich selbst der preußische König ausdrücklich distanziert.

1811 stand das Königreich Westfalen vor dem Staatsbankrott. Die Beamten und Offiziere konnten nicht mehr besoldet werden. Im Alter von 26 Jahren, von Pamphleten geschmäht und von Attentaten bedroht, erkannte Jerome ernsthaft das Zwiespältige seiner Stellung. Er wußte, daß sein Thron nur durch Napoleon noch Bestand haben konnte, daß aber gerade Napoleon ihm mit der einen Hand wegnahm, was er mit der anderen gegeben hatte. Das würdige Bekenntnis, das er gegenüber dem Kaiser ablegte, ehrt ihn, wenngleich es für deutsche Ohren nicht angenehm klingt: «Ich liebe weder die Deutschen noch deutsches Wesen und bin ganz Franzose. Aber vom Weg der Ehre will ich, gerade weil ich Ihr Bruder bin, nicht abweichen, und so geht nicht beides zusammen: ich kann nicht König von Westfalen und gleichzeitig französischer Untertan sein.»

In dieser düsteren Stimmung begann Jerome erstmals, die Zügel der Regierung schleifen zu lassen – er resignierte. Der Gesandte Reinhard berichtete mißbilligend nach Paris, daß die deutschen Minister allen Einfluß an die französischen Günstlinge des Königs verloren hätten, und daß die politische Geheimpolizei sich immer neue Übergriffe erlaubte.

Als im Zuge neuer Kriegsvorbereitungen die Lasten und Beiträge Westfalens noch drastischer erhöht wurden, unternahm Jerome mehrere persönliche Reisen zum kaiserlichen Bruder, um für eine Besserstellung seines Landes zu kämpfen. Er war auch einer der wenigen Franzosen, die Napoleon vor einem Zusammenstoß mit Rußland warnten. Er kannte die zunehmende Gärung in Deutschland besser als jeder andere und sah voraus, daß die Deutschen der Großen Armee in den Rücken fallen könnten. Aber er predigte tauben Ohren. Napoleon ließ ihn kalt abfahren: «Sie tun mir leid! Sie kommen mir vor wie ein Schüler Homers, der ihn lehren will, Verse zu machen!»

### Eine Krone wird glücklos verteidigt

So setzte Jerome mit dem Mut der Verzweiflung seine letzte Hoffnung doch auf den russischen Feldzug. Hier wollte er neuen Lorbeer erringen, sich wiederum auf dem Schlachtfeld auszeichnen, vielleicht eine andere Krone gewinnen.

Aber das Glück, das ihm früher gelächelt hatte, war ihm diesmal nicht hold. Zwar befehligte er nun mehr Soldaten als jemals zuvor, eine ganze Heeresgruppe, 100000 Mann. Zur Bewährung bekam er jedoch keine Gelegenheit. Als er – durchaus vernünftigerweise – seine erschöpften Truppen bei Grodno mehrere Tage ausruhen ließ, bevor er mit Verstärkungen den russischen General Bagration verfolgen wollte, da setzte Napoleon, dem alles nicht schnell genug gehen konnte, ihm kurzerhand den Marschall Davout (eben den Bruder seines einstigen Duellgegners) als Oberbefehlshaber vor die Nase.

Erneut bewies Jerome toskanische Würde, indem er diese unverdiente Beleidigung mit der Niederlegung seines Kommandos quittierte. Das sollte ein General im Kriege zwar nicht eigenmächtig tun, aber es war für ihn, den ebenso Ehrgeizigen wie Ehrliebenden, wohl der härteste persönliche Schlag, der ihn je getroffen hat – schlimmer als der bald folgende Verlust seiner Krone.

### Kosaken überall, selbst diesseits der Elbe

Die westfälischen Truppen schlugen sich unter ihren blauweißen Fahnen in Rußland ohne ihren König für das Empire – mit Bravour und schwerstem Blutzoll: nur 600 Mann von 26 000 kehrten heim. In Westfalen gab es neue Aufstände gegen die einst so enthusiastisch begrüßte Herrschaft. Die geschlagene Große Armee strömte durch das Land nach Westen zurück, und die Bevölkerung sympathisierte offen mit den Kosaken, die unter General Tschernitscheff über die Elbe ausschwärmten.

Die Ernüchterung kam erst, als die reaktionäre Herrschaft der Fürsten, die nichts vergessen und nichts gelernt hatten, in Hessen und Braunschweig wiederhergestellt wurde. Die großen liberalen Errungenschaften freilich, die man den Franzosen und Jerome zu verdanken hatte, wagten auch die alten-neuen Machthaber im Kern nicht mehr anzutasten. Sie blieben auch in den preußischen

Landesteilen das solide Fundament, auf dem Stein und Hardenberg ihre Reformen aufbauen konnten.

## Eselstritte im Unglück

Jerome begriff, daß selbst größte persönliche Tapferkeit den Thron nicht mehr retten konnte. Er gehörte nicht zu jenen klugen Feiglingen, die rechtzeitig für ein bequemes Exil vorgesorgt hatten. Ohne einen Centime stand er da. Seine treue westfälische Leibgarde opferte ihm die Monturen zum Verkauf, indem die Männer sich auf dem Domplatz zu Köln weinend bis auf die Unterhosen auszogen, bevor sie einzeln mit dürftiger Bekleidung nach Hause schlichen – eine Haltung, würdig den Gefühlen der kaiserlichen Garde, die in Paris von Napoleon schmerzlichen Abschied nahm.

Jerome, der so viel für andere getan hatte, fand nur wenige Menschen, die im Unglück zu ihm hielten. Seine Günstlinge stoben in alle Winde auseinander, um den eigenen Hals zu retten. Die adelsstolzen Deutschen, die ihm zuvor die Hände geküßt hatten, konnten sich nicht genug darin tun, ihm Eselstritte zu versetzen und lauthals zu bekennen, wie sehr sie ihn schon immer insgeheim gehaßt und bekämpft hätten ...

Wer ihm noch half, war in erster Linie seine Frau Katharina – die sich, wie Napoleon auf St. Helena rühmte, allein dadurch einen Ehrenplatz in der Geschichte verdient hat, daß sie ihrem Mann in allen Widrigkeiten beistand und ihn nie verließ. Jeromes angeborener Sinn für Stil und Würde ließ es nicht zu, Asyl in Rußland zu suchen, obwohl der Zar Alexander ihm Aufenthaltsrecht und Pension anbot. Er ging – von der Kaiserin Marie Luise, seiner Schwägerin, mit 500000 Francs versehen – zunächst in die Schweiz und dann mit Metternichs Genehmigung in das österreichische Triest, wo Katharina ihm am 23. August 1814 den ersten Sohn dieser Ehe gebar.

### Der Warner von Waterloo

Noch einmal schien sich das Schicksal zu wenden. Als Napoleon Elba verließ und im Triumph nach Frankreich zurückkehrte, da strahlte Jerome: «Der Kaiser braucht Soldaten!» Er reiste mit Eilpost direkt nach Paris und kämpfte dann, nochmals wie in seinen Anfängen, als Divisionsgeneral tapfer bei Waterloo. Im Stab Napoelons war er, wie vor dem Rußlandfeldzug, einer der wenigen Warner: er hatte von einem Wirtshauskellner erfahren, daß die Preußen sich mit den Engländern vereinigen wollten, und schlug einen vorzeitigen Angriff vor, um die feindlichen Heere getrennt zu vernichten. Wieder erklärte der Kaiser die Mahnung als unsinnig und legte sich erst einmal schlafen – bis eszu spät war und er sich den gesammelten gegenerischen Kräften gegenübersah: es wurde Nacht, und die Preußen waren gekommen. Er hätte die Schlacht gewinnen, vielleicht noch Frankreichs

Krone behalten können, wenn er wenigstens diesmal auf den «kleinen Bruder» gehört hätte.

Jerome verdankte es der augenzwinkernden Nachsicht des Polizeiministers Fouché, daß er im großen Zusammenbruch des Empire noch mit knapper Not über die französische Grenze entkam, ohne in Kriegsgefangenschaft oder gar vor ein Tribunal der Sieger zu geraten. Als letzte Erinnerung an sein Königreich verlor er nun noch den Titel eines «Grafen von Harz», den er zeitweilig geführt hatte. Er flüchtete mit Katharina zu seinem Schwiegervater, dem König von Württemberg, dem er durch Fürsprache bei Napoleon mindestens dreimal die Krone gerettet hatte. Der Lohn war schnödester Undank eines krassen Opportunisten. König Friedrich hielt Jerome auf den Schlössern Ellwangen und Göppingen in Hausarrest. Er sann seiner Tochter Katharina ernsthaft an, sich von Jerome zu trennen – wofür er von dieser tapferen Frau wie eine Ohrfeige die Antwort erhielt: «Entweder meinen Gemahl oder den Tod!»

*Das Exil und die zähe Hoffnung*

1815, im Alter von 30 Jahren, in dem andere Männer die Höhepunkte ihres Lebens noch erwarten dürfen, war Jeromes Laufbahn als Soldat und Staatsmann schon beendet – so schien es wenigstens, obwohl noch 45 Lebensjahre vor ihm lagen. Von nun an sehen wir seine historische Person gewissermaßen wie durch ein umgekehrtes

Fernglas – weit entrückt und verkleinert in einem großen Raumfeld, unscharf und in Einzelheiten schwer bestimmbar. Wären nicht die französischen Staatsarchive des Zweiten Kaiserreichs und seine eigene umfangreiche Privatkorrespondenz, wir wüßten kaum etwas von dieser zweiten, so viel größeren Hälfte seiner irdischen Zeit.

Der Schwiegervater, dem er auf die Dauer unbequem und lästig wurde, ließ Jerome abziehen, nachdem er ihm noch den württembergischen Grafentitel Montfort nachgeworfen hatte. Ein ruheloses Wanderleben begann – ermöglicht nur durch Marie Luises Geldgeschenk, durch die kleine Apanage Katharinas, durch Zuwendungen von Mutter und Schwestern, die reich geblieben waren.

Zunächst ging man wieder nach Triest, wo 1822 der zweite Sohn – Napoleon-Joseph, später «Prinz Plon-Plon» genannt – geboren wurde. Von dessen Sohn stammt wiederum in direkter Linie Jeromes Urenkel ab, Prinz Napoleon, der bis auf den heutigen Tag die Erbfolgerechte des gesamten Hauses Bonaparte innehat. Während die Linien aller übrigen Napoleoniden längst erloschen sind, ist ein Aussterben des Jerome-Zweiges nicht zu besorgen: Prinz Napoleon hat mit seiner Frau Alix de Foresta vier Kinder – darunter zwei 1950 und 1957 geborene Söhne, die Prinzen Charles Napoleon und Jerome.

Von Triest zog die Familie nach Rom, dann nach Florenz und endlich nach Lausanne, wo die einstige Königin von Westfalen am Brustkrebs starb. Nun kehrte Jerome in die Heimat seiner Ahnen zurück, in die Toskana, wo er bei Florenz die kleine Besitzung Quarto kaufte und das eher bescheidene Leben eines Landedelmanns führte – nicht gar so weit entfernt von seinem Bruder Lucien, den er bisweilen auf dessen Lehnsgut Canino besuchte. 1840, mit 56 Jahren, heiratete Jerome zum drittenmal. Aber diese Verbindung mit der Marquise Bartolini, einer reichen Witwe, war eher eine Vernunftheirat als eine Liebesehe – seine Katharina hat Jerome nie vergessen können.

Erst 1847 erlaubte König Louis Philippe dem jüngsten Bruder Napoleons, den Metternich für den «gefährlichsten aller Bonapartes» hielt, die Heimkehr nach Frankreich. Am Staatsstreich seines Neffen, Napoleons III., hat sich Jerome loyalerweise nicht beteiligt; sein Verhältnis zu diesem Sohn seines Bruders Louis und der Josephine-Tochter Hortense, der eher ein Beauharnais als ein Bonaparte war, ist immer kühl geblieben.

### Heimkehr und später Triumph

Aber der Stern des französischen Kaisertums ging noch einmal auf, und seine Strahlen erwärmten auch Jeromes letzte Lebensjahre. Der neue Herrscher gab seinem Onkel den Titel eines kaiserlichen Prinzen zurück, ernannte ihn zum Präsidenten des Senats, zum Gouverneur der Invaliden und, im militärischen Bereich, zum Marschall von Frankreich. Große Taten hat Jerome bis zu seinem

Tode am 24. Januar 1860 nicht mehr verrichtet. Aber für Bewußtsein und Stil des Zweiten Empire hat er, noch als Mittsiebziger, Maßstäbe gesetzt: er, der früh zum Regieren und Repräsentieren berufen wurde, dem Sinn für Würde und Ehre schier angeboren war, vollendete sein Leben nun als geistiges Wahrzeichen der Vergangenheit, als verkörperte Erinnerung an den Ruhm der Adler Napoleons – des Großen, des Einzigen.

Aus dieser Tradition, in ihrer Bedeutung für Frankreich und Europa, ist Jerome nicht hinwegzudenken. Ihm selbst, als einzigem seiner Geschwister, hat das Schicksal die Gnade geschenkt, den Wiederaufstieg des Hauses Bonaparte noch zu sehen, ohne den erneuten Sturz erleben zu müssen.

## Jerome vor der Geschichte – mehr als mittleres Maß

So steht er denn vor uns und vor der Geschichte – ein Edelmann toskanischer Abkunft und französischer Gesinnung mit den Licht- und Schattenseiten des Erbes der Renaissance; ein Mann von Tatkraft, Temperament und Geist, wenngleich ohne das Genie des Bruders. Die Verhältnisse waren mächtiger als Jerome, und es gebrach ihm an der unbeirrbaren Zähigkeit, mit der wahrhaft große Männer Geschichte machen. Zu anderen Zeiten und mit anderen Zeitgenossen, unter günstigeren Umständen und Konstellationen, wäre Jerome wohl ein bedeutender Feldherr, ein hervorragender König geworden und geblieben. Sicher wissen wir es nicht – die Geschichte verweigert die Gegenprobe.

Die Anwürfe kleinlicher Kritikaster können diesen Mann gleichwohl nicht erreichen. Wer ihm Ausschweifung und Leichtsinn vorwirft, denke an den Stoßseufzer des Dichters Corneille: «O Himmel, wie viele Tugenden lehrst Du mich hassen!» Henri de Montherlant hat einmal geschrieben: «Je älter man wird, desto mehr ist man geneigt, die Menschen in zwei Gruppen einzuteilen – solche, die zur Großzügigkeit fähig sind, und die anderen, die es nicht sind.»

Vor diesem Urteil wird Jeromes Andenken Bestand haben: das historische Profil eines Adlers, mittlerer Größe.

# II.
## Lucien Bonaparte,
## Senator von Frankreich –
## Kaiserbruder und Republikaner

In heroischen Zeiten hat die Geschichtsschreibung keinen leichten Stand. Man mutet ihr zu – und sie ist selbst nur allzu geneigt – an die äußeren Taten der großen Gestalter und Führer anzuknüpfen, der «Macher», wie man sie heute wohl nennen würde. Dabei bleiben Persönlichkeiten im Dunkel, die gedankenreich in der Stille gewirkt, ihr Leben aber abseits des großen Welttheaters geführt haben.

### Der unbekannte Bonaparte

So erscheint es natürlich, daß Lucien Bonaparte von allen Geschwistern Napoleons am wenigsten bekannt ist. Denn als einziger Napoleonide blieb er – unverzeihlich in heroischen Epochen – zeitlebens ohne Thron und Krone. Schlachten hat er weder gewonnen noch verloren, weil er keine schlug. Als Dichter blieb er durchschnittlich, als Wissenschaftler ein begabter Dilettant – als Staatsmann war er meistens verhindert.

Dennoch ist sein Leben, wenn man es an der Persönlichkeit, nicht am Erfolg mißt, groß und bedeutend geworden. Er, der als Jüngling ein fanatischer Jakobiner, mit 23 Jahren Parlamentspräsident, mit 24 Jahren Innenminister, dann Botschafter und Senator von Frankreich war, verschwand als Privatmann im selbstgewählten politischen Exil – noch nicht 30 Jahre alt. Er respektierte seinen ungeliebten Bruder, dem er selbst die Steigbügel hielt bei Erlangung der Konsulwürde, aber er war als überzeugter Republikaner Gegner des Kaiserreichs. Weil er gleichwohl auch im Widerstand loyal blieb, erwies sich seine Haltung als glaubhaft, ja überzeugend für die Zeitgenossen und die Geschichte – der große historische Bogen von der Revolution über das Empire zur Republik, die Kontinuität der demokratischen Idee, das Selbstverständnis des französischen Staates bis in die Gegenwart, das alles ruht nicht zuletzt auf den Schultern des Lucien Bonaparte.

Dies zu beweisen, wird mir nicht leichtfallen, denn die Quellen von den Gedanken, Worten und Werken dieses Mannes fließen spärlich. Außer seinen eigenen Memoiren und seiner Korrespondenz gibt es über ihn nur eine französische Biographie von dem Korsen Francois Piétri und eine deutsche Lebensbeschreibung von dem Ostpreußen Felix Grayeff.

In der männlichen Geschwisterreihe der Familie Bonaparte war Lucien das mittlere Glied: er hatte zwei ältere
Brüder, Joseph und Napoleon, nach ihm kamen zwei
jüngere, Louis und Jerome. 1775 in Ajaccio geboren, gab
ihm sein Großonkel, der Archidiakon Luciano Buona-
parte, als Taufpate seinen Vornamen, und der kümmerte
sich auch nachhaltig um die private Erziehung, denn auf
Korsika gab es damals noch keine öffentlichen Schulen.
Wer etwas Rechtes lernen wollte, mußte übers Meer nach
Frankreich gehen, wie Joseph und Napoleon es getan
hatten. Soldat oder Geistlicher – das waren die berufli-
chen Alternativen, die Vater Carlo und Mutter Lätizia im
Sinn hatten für Luciano, den sie für das begabteste ihrer
Kinder hielten.

Der Sohn scheiterte in beiden Laufbahnen, noch bevor
er sie recht betreten hatte. Die Militärschule in Brienne
bescheinigte ihm mangelnde körperliche Eignung, und
das Priesterseminar in Aix strich ihm das Stipendium,
weil er freigeistigen Ideen huldigte. Beide Institutionen
hoben seine rasche Auffassungsgabe hervor, aber auch
zwei Eigenschaften, die sein späteres Leben prägten: eine
mimosenhaft empfindsame Verletzlichkeit, gepaart mit
jenem hartnäckigen Starrsinn, den die Franzosen der «tê-
te carrée» zuschreiben, dem vierkantigen Dickschädel –
den sie dennoch als Charakterkopf heimlich bewundern.

Immerhin hat Luciano, als er nach Korsika zurückkehren muß, auf dem Festland ein besseres Französisch ge-

lernt als seine sämtlichen Familienmitglieder; dazu hat er Voltaire gelesen und sich eifrig mit der Geschichte befaßt. Er kann dem Bruder «Nabulione» dessen orthographische Fehler in Reden und Aufsätzen korrigieren, und das hat er auch später noch oft getan, denn mit der Rechtschreibung stand Napoleon zeitlebens auf Kriegsfuß.

### Brutus von Marathon, Jakobiner

In der Pubertät des Jünglings bricht die französische Revolution aus. Luciano bejubelt sie mit ebensoviel Elan wie Unreife. 1792, mit 17 Jahren, verläßt er gegen den Willen der Mutter erneut die Insel und schließt sich in Korsika den Jakobinern an. In Toulon macht man ihn zum dürftig besoldeten Proviantmeister der «Armee des Südens», wie sich ein zerlumpter Sansculotten-Haufen großmäulig nannte. Zugleich wird er in St. Maximin Standortkommandant der revolutionären Behörde (eine Art Ortsgruppenleiter, wenn man es mit einem späteren Begriff aus Deutschlands dunklen Zeiten vergleichen will). Es ist zwar mehrfach bezeugt, daß er in seinem Bezirk versucht hat, Blutvergießen zu vermeiden – aber Persilscheine wurden auch damals schon «post festum» großzügig ausgestellt, und jedenfalls beweist er seine Gesinnung mit dem allen Bonapartes eigenen tönenden Pathos.

Dekrete des jungen Herrn fallen wie Schwerthiebe über die darob kaum verdutzte Umwelt – St. Maximin, ein winziges Provinznest, wird seines reaktionär-klerikalen Heiligennamens entkleidet und heißt nun «Marathon»; Luciano, der seinen eigenen Namen kaum in «Lucien» französiert hat, nennt sich Brutus, unterzeichnet seine Aufrufe als «Brutus Bonaparte de Marathon» – und schreibt an seinen Lieblingsbruder Joseph: «Ich fühle in mir den Mut des Tyrannenmörders!»

Um diese Zeit wird im fernen Paris der König geköpft, was Lucien gewiß nicht bedauert.

Eher spießbürgerlich hingegen mutet es an, daß der Brausekopf Brutus in «Marathon» die filia hospitalis heiratet: Christine, die Tochter des Gastwirts Boyer, bei dem er als möbilierter Herr ein Zimmer bewohnt. Das ist eine ausgesparte Idylle, ein Sesenheim wie im Sturm und Drang Goethes, und bleibt doch biederer Durchschnitt – Christine ist eine Vorübung im Unreinen, eine provenzalische Dorfschöne, die nicht lesen und schreiben kann, aber gerade zur Hand ist. Sie liebt Lucien bis zu ihrem frühen Tod eine brave Frau und schenkt ihm zwei Töchte; mehr ist von ihr nicht zu berichten. Die Macht und die Schrecklichkeit der Liebe sollen Lucien erst noch begegnen – und sein Leben verwandeln.

Zwei Jahre nur dauert die Zeit als dörflicher Diktator von Marathon, da wird Robespierre gestürzt, und nicht nur Napoleon, sondern auch Lucien wird vorübergehend eingesperrt. Ein korsischer Abgeordneter legt sich für ihn ins Zeug, erwirkt mühsam seine Freilassung. Aber nun steht er auf der Straße, die politische Karriere scheint abgebrochen – er gilt nicht bloß als Mitläufer, sondern gar als Aktivist der jakobinischen Bewegung, was er in bescheidenem Rahmen ja auch war. Niemand will mehr etwas mit ihm zu tun haben.

## Die Politik ist das Schicksal

Den Durchbruch schafft ihm, wie den anderen Geschwistern auch, der große Bruder Napoleon. Der siegreiche Italienfeldzug des Generals Bonaparte verhilft Lucien zu Ansehen und Aufmerksamkeit. Er begibt sich nach Paris, die maßgeblichen Kreise um das Direktorium nehmen ihn wohlwollend auf. Und er gewinnt eine Hausmacht – die Korsen wählen ihn, den 23-jährigen, als ihren Abgeordneten in den «Rat der Fünfhundert», die Zweite Kammer des Parlaments, dessen untere Altersgrenze nach der Verfassung bei 30 Jahren liegen sollte.

Derart in den Sattel gehoben, beweist Lucien, daß er wohl allein reiten kann. Er hat sich gemausert, ist gereift. Mit Intelligenz, Engagement und bienenhaftem Fleiß wirft er sich in die parlamentarische Arbeit, meldet sich oft zu Wort und hat auch etwas zu sagen. In allen Beratungen beweist er Sachverstand und – was in Frankreich mindestens gleich wichtig ist, hohe rhetorische Kunst.

Zeitgnössische Aussagen schildern sein Erscheinungsbild nicht eben günstig: schlank und größer als Napoleon, aber schlecht proportioniert, zu lange Arme und Beine, ein zu kleiner Kopf, kurzsichtig und von ungesunder, olivener Hautfarbe. Dennoch gefällt er durch verbindliche Art, durch gewinnendes Lächeln und aufrichtige Gesinnung.

Politisch verfolgt er von jetzt an ein klares Konzept der Mitte. Er will einen starken Staat für eine freie Gesellschaft, eine kräftige, aber kontrollierte und jeweils zeitlich begrenzte Führung – Kampf gegen die jakobinische Linke nun ebenso wie gegen die königstreue Reaktion. An der vom Expriester Siéyès entworfenen republikanischen Verfassung hat Lucien wesentlichen Anteil. Es dauert nicht lange, da wählt man ihn, den allzeit Unermüdlichen und Verfügbaren, zum Präsidenten des Rats der Fünfhundert.

Den Dank für alles, was Napoleon für seine Familie tat, hat kein Mitglied dieser Familie so nachhaltig abgestattet wie Lucien. Ohne ihn wäre Napoleon nicht Konsul geworden. Lucien predigt der Regierung und dem Parlament, daß nur einer die neue Konsularverfassung in Frankreich durchsetzen könne: jener exzentrische General Bonaparte, der in Ägypten gerade einen aussichtslosen Sitzkrieg führt und schon wieder halb in Ungnade gefallen ist.

### Der 18. Brumaire

Die Zeit scheint noch nicht reif zu sein, als Napoleon eigenmächtig aus dem Orient zurückkehrt. Er wird denunziert als Verschwörer, Möchtegern-Tyrann und Feind des Volkes. Die schwächste Stunde seines Lebens ist am

Morgen des 18. Brumaire, dem 9. November 1799, als er, hilflos und verwirrt, vor dem Parlament die rechten Worte nicht findet und niedergeschrien wird. Das ist zugleich die politische Sternstunde des Lucien Bonaparte. Ihm allein gelingt es, die auseinandergelaufenen Abgeordneten wieder zusammenzutrommeln, sie leidenschaftlich zu überreden, ja zu überzeugen, aus ihnen eine Mehrheit für die geplante Konsularregierung zu zimmern.

Niemals sind in Frankreich von großen Männern so viele große Eide geleistet worden wie an diesem unvergeßlichen Tag. Lucien setzt Napoleon den gezogenen Degen auf die Brust und schwört, er werde ihn durchbohren, falls dieser je die Freiheit unterdrücken würde. Viele Abgeordnete schwören, für die Freiheit sterben zu wollen, was niemand von ihnen verlangt. Napoleon schwört vor seinem Bruder als Präsidenten, daß er der Republik allzeit die Treue halten werde. Unter diesem Feuerwerk von Emotionen wird das Direktorium zu Grabe getragen und das dreiköpfige Konsulat eingesetzt, in dem Napoleon rasch die Führungsrolle erlangt.

### Gastspiel als Innenminister

Die Belohnung für Lucien blieb nicht aus – er wurde sofort Innenminister der neuen Regierung. Aber er, der mehr ein Theoretiker der Verfassung als ein Praktiker des Verwaltens war, hatte an diesem Amt keine rechte Freude. Die Reorganisation Frankreichs an Haupt und Gliedern durch das geniale Präfektursystem, die Gründung der Zentralbank, den Code Civil und das öffentliche Strafgerichtsverfahren, den staatlichen Unterricht und die Bildung neuer Eliten – das war weit mehr persönliches Verdienst des Ersten Konsuls als seines Bruders, des Innenministers.

Lucien, gutherzig und vielleicht etwas gutgläubig, kollidierte bald mit seinem prominentesten Untergebenen – Joseph Fouché, Altjakobiner auch er, der sich ebenso zäh wie charakterlos zum allmächtigen Chef der Polizei aufgeschwungen hatte, weil er unentbehrlich war. Wenn Lucien glaubte, daß eine «gute» Regierung ohne diesen «bösen» Mann auskommen müßte, so teilte Napoleon diese Ansicht keineswegs.

Als der Erste Konsul wieder im Felde stand, diesmal 1800 bei Marengo, da tauchte in der Pariser Gesellschaft ein Pamphlet auf. Darin wurde Bonaparte mit Cäsar und Cromwell verglichen; er habe, wie diese großen Männer, keine natürlichen Erben, und so liege es nahe, einen seiner Brüder schon jetzt zu seinem Nachfolger zu erklären. Nach damaliger Lage der Dinge kam dafür kaum Joseph oder gar ein anderer Bruder, sondern nur Lucien in Betracht. Ihm muß man es abnehmen, daß er als überzeugter Republikaner diese Druckschrift, die fatalerweise den Stempel seines Ministeriums trug, weder gebilligt noch gar selbst verfaßt hat. Vermutlich stammt sie aus der journalistischen Hexenküche des Herrn Fouché – und war von ihm als gezielte Indiskretion gegen seinen Dienstherrn gedacht. Denn eines stand fest: auf solche

Gedanken, gar auf eine Erbmonarchie, war Frankreich vor dem Frieden von Lunéville noch keineswegs vorbereitet.

Es ehrt den Charakter Luciens, daß er, als Napoleon sich höchst ungehalten zeigte, sofort die politische Verantwortung für die Schrift auf sich nahm und seinen Rücktritt erklärte – ein knappes Jahr nach Übernahme des Amtes.

## Ausflug in die Diplomatie

Napoleon wußte das Opfer zu würdigen und vergoldete seinem Bruder den Abschied durch Ernennung zum Botschafter in Spanien. Für das Leben Luciens, dessen Frau inzwischen am Kindbettfieber gestorben war, wurde dieser Posten in zweifacher Hinsicht bedeutsam. Er bekam Gelegenheit, seine diplomatischen Fähigkeiten zu beweisen – was ihm in hohem Maße gelang – und er legte den Grundstock für ein beträchtliches Privatvermögen, das ihn von politischen Versorgungsrücksichten befreite.

Der Ambassadeur Lucien Bonaparte wurde vom Madrider Hof mit offenen Armen empfangen. In wenigen Monaten brachte er drei Staatsverträge zustande. Spanien schlug sich auf die Seite Frankreichs und marschierte gemeinsam mit einer französischen Armee gegen Portugal, das mit England verbündet war. Damals galt in Europa ein Brauch, der jedem Diplomaten der Gegenwart den sofortigen Amtsverlust und eine Anklage wegen schwerer Bestechung eintragen würde: bei Vertragsabschlüssen erhielt jeder Botschafter von der Regierung, bei der er beglaubigt war – also nicht etwa von der eigenen – wertvolle Geschenke. So bekam denn Lucien aus der königlichen Gemäldegalerie in Madrid zwanzig Bilder alter Meister und dazu für jeden Vertrag ein ledernes Beutelchen mit puren Brillanten. Damit war er reich und auch äußerlich ein völlig unabhängiger Mann geworden.

Es ist bezeichnend für Lucien, daß auch seine Diplomatenzeit nicht länger dauerte als sein Ministerialdienst, nur ein knappes Jahr, und daß er sich wieder selbst zum Rücktritt entschloß. Napoleon war mit den Zugeständnissen, die er von Portugal im «Apfelsinenkrieg» erhalten hatte, nicht zufrieden und befahl Lucien, die Verhandlungen bis zur totalen wirtschaftlichen Kapitulation dieses Landes weiterzuführen. Lucien, der das für aussichtslos und wohl auch unnötig hielt, sah sich als Botschafter desavouiert und reagierte mit korsischer Heftigkeit: er warf im Herbst 1801 seinen Posten hin und kehrte eigenmächtig nach Paris zurück – wo seine politischen Freunde meinten, es sei hohe Zeit, daß er sich wieder um den inneren Zustand Frankreichs kümmerte, wo Napoleon inzwischen Alleinherrscher geworden war.

### Der Bruch zeichnet sich ab

Der Kollisionskurs begann, und der Bruch mit dem großen Bruder zeichnete sich schon ab.

Es ist schwer zu sagen, welcher von beiden Männern den anderen weniger verstanden hat. Napoleon sah in Lucien bald einen starrsinnigen Eigenbrötler, einen unbelehrbaren Dickkopf. Er marschierte auf der Straße des Sieges, hatte die Vergangenheit liquidiert, den Franzosen neues Selbstvertrauen und den Ruhm der Adler gegeben. Er träumte den großen Traum vom Empire, einem dauerhaften Reich mit Rechtsgleichheit und Rechtssicherheit für alle Völker Europas – und nahm die Späne in Kauf, die notwendigerweise beim Hobeln fallen mußten. Im Spannungsverhältnis des Staates zwischen Ordnung und Freiheit war Napoleon gewiß derjenige, dem die Ordnung mehr bedeutete.

Lucien sah das eindeutig umgekehrt. Das Glück des Einzelnen, die Integrität der Person schien ihm allemal wichtiger als die Wohlfahrt einer, wie er meinte, anonymen Gesellschaft; so hatte er seine Erfahrungen aus der Revolution verarbeitet. Für das Genie des Bruders, dem er mißtraute, konnte er nur begrenzte Hochachtung aufbringen. Was bei Napoleon übermenschlich sein mochte, erweckte bei ihm den Verdacht der Unmenschlichkeit. Dem Bruder Joseph hatte er schon früher seinen Eindruck mitgeteilt: «Napoleon ist vom Ehrgeiz besessen und hat Eignung zum Tyrannen». Und jetzt schrieb er an einen Freund: «Mag er noch einmal Europa im Blut ersticken durch Kriege, die er vermeiden könnte – ich will beiseite stehen, will ihm nicht mehr sklavisch gehorchen.»

Immerhin «gehorchte» Lucien noch einmal, als Napoleon ihm, großzügig wie stets, die diplomatische Halsstarrigkeit verzieh, ihn wieder ins Parlament berief und zum Rang eines Senators (Mitglied des Oberhauses) erhob. Das freilich war eine ebenso wohldotierte wie einflußlose Sinekure, und Lucien merkte es bald. Er kam zwar der angenehmen Pflicht nach, sich selbst einen Senatorialbezirk mit Landsitz auszusuchen. Nach einer längeren Rhein-Reise in die von Frankreich okkupierten Gebiete wählte er das idyllische Schlößchen Poppelsdorf mit einem kleinen Eifel-Bezirk zwischen Bonn und Trier. So erhielt dieses einst geistliche Territorium seine Vertretung im Pariser Parlament in der Person des Senators Lucien Bonaparte – eine wenig bekannte historische Arabeske.

Aber die ihm weiterhin angetragenen Ämter – erst Schatzmeister des Senats, dann Großkanzler der Ehrenlegion – lehnte er ab in der Erkenntnis, daß sie ihn unwiderruflich zum Vasallen Napoleons machen würden. Durch diese Weigerung kühlte sich das Verhältnis zwischen den Brüdern ab. Zur Verstimmung trug auch bei, daß Lucien für Napoleons Frau Josephine weder Respekt noch Sympathie aufbringen konnte; sie erschien ihm, dem ernsthaften und alles ernstnehmenden Idealpolitiker, als ein oberflächliches, flatterhaftes, affektiertes Geschöpf – was sie ja wohl auch gewesen ist.

Immer noch war «Senator Bonaparte» einer der bekanntesten Republikaner Frankreichs, dessen Freundschaft man eifrig suchte. In Paris führte er als begehrter Witwer, nun 28 Jahre alt, ein großes Haus, besuchte Feste und gab Empfänge. Auf einer Abendgesellschaft bei seiner Lieblingsschwester Elisa begegnete er einer drei Jahre jüngeren Frau, die sein Schicksal wurde: Alexandrine Jouberthon, Witwe eines verkrachten Börsenspekulanten, der vor seinen Gläubigern auf die Insel Haiti geflohen und dort gestorben war.

Dies muß, nach allen zeitgenössischen Bekundungen, mehr als eine Liebe auf den ersten Blick gewesen sein. Es war ein Donnerschlag, ein Naturereignis, ein Exempel höchster Leidenschaft. Alle Bonapartes waren ja überschwenglich in ihren Gefühlen, worin sich die italienische Herkunft der Familie auswies. Josephine Beauharnais hatte über Napoleon berichtet: «Mein Mann liebt mich so, daß er ganz krank ist – ich glaube, er wird noch total verrückt!» Und Pauline Bonaparte richtete an einen ihrer sehr frühen Liebhaber dieses eindrucksvolle briefliche Trommelfeuer: «Ti amo, ti amo, per sempre ti amo, amato mio, ti amo, passionatissimamente ti amo!» Da stand Lucien nicht zurück, und in einem Punkt erwies sich seine Liebe als ungewöhnlich selbst unter den Bonapartes: in der lebenslangen Ausschließlichkeit, die alle anderen Werte und Ziele in den Schatten stellte.

Alexandrine Jouberthon, Tochter eines Advokaten

und mütterlicherseits aus einer Marineoffiziersfamilie stammend, war nicht unbedingt eine blendende Schönheit, aber lebhaft, dunkeläugig und großgewachsen. Man sagte ihr Koketterie und eine Portion Berechnung nach. Um nach oben zu kommen, dürfte sie diese Eigenschaften benötigt haben, denn sie war nach dem jähen Tod ihres hochverschuldeten Mannes arm wie eine Kirchenmaus und hatte noch eine kleine Tochter zu ernähren.

Der pauschale Vorwurf der Mißgünstigen, sie sei eine Abenteurerin und Glücksritterin gewesen, trifft sie kaum mehr als andere große Töchter der Revolution auch: Madame Tallien, Madame Récamier, nicht zuletzt Josephine Beauharnais wird man wohl ebenso bezeichnen müssen.

### Familiäres Versteckspiel

Die Spatzen von Paris pfiffen die neue Liaison des Senators Bonaparte von den Dächern, als Lucien seiner Alexandrine ein Haus kaufte, in dem er ständig aus- und einging. Was die Pariser Spatzen nicht so rasch erfuhren, blieb vorerst das Geheimnis der Beteiligten und eines verschwiegenen Abbé. Lucien und Alexandrine hatten im Frühling 1803 kirchlich geheiratet, und schon im Mai wurde ein Knäblein geboren, das mit dem Namen Charles-Laurent Bonaparte seine eheliche Legitimation etwas außerhalb der staatlichen Gesetze erhielt.

Ohne Zweifel hatte auch Napoleon von der Beziehung zwischen Lucien und Alexandrine erfahren, aber er hielt es für ein «Verhältnis» wie andere Affären auch. Daß Lucien ernsthaft eine Heirat anstrebte, mußte ihm undenkbar erscheinen, zumal er den Bruder immer noch für Aufgaben in seinem Empire benötigte.

Im Juni eben des Jahres 1803 zitierte er Lucien zu sich und teilte ihm bündig mit, eine spanische Infantin werde die Erbfolge des verstorbenen Vasallenkönigs von Etrurien (der alten Toskana) antreten; Lucien sei zum Ehemann dieser Dame ausersehen – und er, Napoleon, gratuliere ihm zur nahen Aussicht auf die etrurische Krone. Lucien blieb nähere Erklärungen schuldig und erwiderte ebenso bündig, er wolle aber gar keine Königin heiraten ... Der Bruder war fassungslos, entließ aber Lucien noch ohne sichtbaren Groll.

Dem sanften Joseph, seinem ältesten und Lieblings-Bruder, vertraute Lucien das Geheimnis seiner kirchlichen Eheschließung als erstem an. Joseph zeigte Verständnis, aber er war leider nicht Familienoberhaupt, das war der Erste Konsul – und der hatte gerade den Rechtsbegriff der «konsularischen Familie» erfunden. Dies war nichts anderes als die Wiederbelebung der einstigen «Maison Royale», in der jede Heirat, bei Gefahr ihrer Nichtigkeit, erst vom Familienoberhaupt gebilligt werden mußte – damals eben vom König und nun vom Ersten Konsul. Im Prinzip war Lucien damit in keiner besseren Lage als Bruder Jerome, obwohl er ja keineswegs mehr minderjährig war.

Kurz bevor diese Regelung und ein neues Gesetz über das Aufgebot vor der Eheschließung in Kraft trat, ließen

Lucien und Alexandrine rasch noch eine Ziviltrauung vollziehen. Nun endlich, es war inzwischen Oktober geworden, informierte Lucien brieflich seinen Bruder Napoleon.

## Häusliche Querelen

Dieser, der die Nachricht bei einer Abendgesellschaft in Malmaison erhielt, benahm sich so, daß Josephines naive Frage begründet schien: «Ist ein neuer Krieg ausgebrochen?» Er stampfte vor Zorn mit den Füßen und schrie: «Nein, Lucien hat tatsächlich seine Mätresse geheiratet!» Noch in der Nacht schickte er den General Murat aus, der Lucien seine Verhaftung androhen sollte. Der General, schon halbbetrunken, klingelte Lucien aus dem Bett, richtete in der Sache selbst aber nichts aus – versuchte es wohl auch nicht ernsthaft, weil er inzwischen als Ehemann Caroline Bonapartes mit beiden feindlichen Brüdern gleichermaßen verschwägert war.

Am nächsten Tag mußte sich der Zweite Konsul Cambacérès in Marsch setzen, um Lucien die angebliche Nichtigkeit seiner Ehe juristisch vor Augen zu führen: zunächst mangels Zustimmung des konsularischen Familienvorstands, dann aber auch, weil die kirchliche Trauung geschlossen worden sei, bevor der amtliche Totenschein des verblichenen Herrn Jouberthon aus Haiti vorgelegen habe. Lucien warf den großen Juristen aus dem Haus mit der bissigen Antwort, er kenne keine konsularische Familie, sondern nur Bürger der französischen Republik, allesamt freie und gleiche Menschen – im übrigen sei er kein Bigamist, weil der Herr Jouberthon wahrhaftig mausetot sei und auch auf dem Papier nicht mehr lebendig gemacht werden könne.

Die vielberufene «konsularische Familie» teilte zunächst nicht einhellig die Meinung ihres Oberhaupts. Joseph als ältester Bruder und Elisa als älteste Schwester versuchten zu vermitteln, während «Madame Mère» gar eindeutig für Lucien Partei ergriff mit dem feinen Bemerken: «Nabulione hat kein Recht, von Luciano zu fordern, daß er sich nach seinem Geschmack richtet. Denn Nabulione hat sich selbst bei seiner eigenen Heirat nicht nach Lucianos Geschmack gerichtet – und, nebenbei, auch nicht nach dem Geschmack seiner Mutter!»

Hier lag in der Tat ein schwacher Punkt der napoleonischen Argumente. Als der Erste Konsul seinen Bruder unbeherrscht anbrüllte, wie man denn überhaupt eine Witwe, noch dazu eine mit zweifelhafter Vergangenheit, heiraten könne, da mußte er Luciens gelassene Antwort hören: «Eh bien, mon frère, das haben Sie auch getan, aber die Witwe Jouberthon ist immerhin jünger und hübscher als die Witwe Beauharnais.»

Lucien entzog sich vorübergehend den häuslichen Querelen, indem er mit Alexandrine eine mehrmonatige Erholungsreise nach Italien unternahm. Es war, wie sich zeigen sollte, auch eine Kundschafter-Expedition. Lucien ahnte, daß ihm der Abbruch aller Brücken bevorstand, daß er nach einem politischen Asyl suchen, eine rein private Existenz ins Auge fassen mußte.

In Rom wurde er um die Weihnachtszeit 1803 von Papst
Pius VII. huldvoll in Privataudienz empfangen. Dem
Papst waren Luciens politisch-radikale Jugendsünden
wohlbekannt, ob dieser nun eigenhändig Priester an die
Laterne gehängt hatte oder nicht. Er wußte aber auch,
daß der Senator Bonaparte das französische Konkordat
mit der Kurie, und damit die säkulare Wiederherstellung
der Religion in Frankreich, nachhaltig gefördert hatte, so
daß er durchaus als ein Freund der Kirche zu betrachten
war. Lucien führte freundliche Gespräche mit Kardinälen
und dem «schwarzen» Adel von Rom, er besichtigte auch
Paläste und Landgüter – nahm Witterung für künftige
Perspektiven und Möglichkeiten.

Eine Auffangstellung war vorbereitet, als das Ehepaar
Bonaparte im Frühjahr 1804 nach Paris zurückkehrte.
Dort überstürzten sich die Ereignisse. Die junge Republik sah sich bedroht von allen Königen Europas, es hatte
Verschwörungen gegeben, der Herzog von Enghien wurde füsiliert – Frankreich rief nach dem starken Mann und
seiner unangreifbaren Legitimierung. Gegen den erbitter-
ten Widerstand Luciens und weniger Gesinnungsfreunde
bot der Senat dem Ersten Konsul die Kaiserkrone an. Am
18. Mai 1804 wurde Napoleon erstmals im Senat als «Majestät» angeredet – sämtliche Brüder und Schwestern, außer Lucien, wurden kaiserliche Prinzen und Prinzes-
sinnen.

Man kann Napoleon nicht vorwerfen, daß er von seinem Standpunkt aus irgend etwas unterlassen hätte, um Lucien doch noch für den Dienst am Empire zu gewinnen. Er lud den Widerspenstigen zu einem Abendessen in St. Cloud. Ein Angebot lag auf dem Tisch, das vielleicht wenig moralisch, aber doch nicht unfair war. Lucien sollte den Prinzentitel für sich und seine Nachkommen akzeptieren und sich für den Thron eines besetzten Landes zur Verfügung halten; er möge mit seiner Frau weiterhin zusammenleben und dürfte sie im privaten Kreis als seine Ehefrau vorstellen; in den Tuilerien würde sie aber niemals empfangen werden, und offiziell müßte sie den Namen «Madame Jouberthon» führen. Das lief hinaus auf eine stillschweigende Duldung einer «Ehe zur linken Hand».

Man kann nur spekulieren, ob Lucien, dem es gewiß nicht an Ehrgeiz fehlte, diesen Vorschlag auch dann abgelehnt hätte, wenn Frankreich eine Republik nach seinen politischen Vorstellungen geblieben wäre – wenn der Bruder als Erster Konsul, nicht als Kaiser und Imperator seine Unterwerfung gefordert hätte. So aber kamen zwei Hindernisse zusammen, ein politisches und ein privates: Luciens Ablehnung der Monarchie und die Demütigung seiner Frau, die er nicht ertragen mochte.

Zweifach waren denn auch die erklärten Gründe für seine Weigerung. Er sagte dem Bruder: «Meine Frau hat ein Recht auf meinen Namen, den Namen des Bürgers

Lucien Bonaparte.» Aber er rief Napoleon auch zu: «Sie haben den Eid gebrochen, den Sie in meine Hand geschworen haben. Den Thron haben Sie durch Kriege und Waffengewalt erobert, Sie werden auch durch Kriege wieder von ihm gestürzt werden.» Es gab damals keinen Franzosen, die Familie Bonaparte nicht ausgenommen, der es gewagt hätte, mit Napoleon in solchem Ton zu reden – oder der auch nur so hätte reden wollen. Als einziger unter vielleicht je hunderttausend glaubte Lucien nicht an die Zukunft des Kaiserreichs.

## Die Auswanderung

Damit schien das Zerwürfnis endgültig, und schon zwei Tage später brach Lucien mit seiner Familie nach Italien auf. Er betrachtete die Reise selbst als Emigration, verkaufte sein Haus, löste seine Bankkonten auf, nahm seine Brillanten, Bücher und Bilder mit.

Am 1. Dezember 1804, genau am Vorabend der Kaiserkrönung, gebar Alexandrine eine Tochter in Mailand, wo die Familie sich zunächst niedergelassen hatte. Die Glückwünsche aus Paris waren spärlich. Die alten Freunde und Bekannten waren völlig damit beschäftigt, sich an dem neuen Gestirn zu orientieren, das als «Sonne von Austerlitz» bald über Europa strahlen würde.

Es erging Lucien wie so vielen Emigranten der Geschichte, die sich – wohl aus unbewußter Anhänglichkeit – von ihrer Heimat nicht weit genug entfernen und immer wieder von der Macht eingeholt werden, der sie entfliehen wollen. Just in Mailand ließ sich Napoleon zum König von Italien krönen. Lucien verließ die Stadt, siedelte in den Kirchenstaat über und wurde offiziell päpstlicher Untertan – zur ungeeignetsten Zeit, als der politische Flirt zwischen Paris und Rom schon zu Ende ging und der Papst immer stärker in die Gegnerschaft zu Napoleon getrieben wurde.

Das focht Lucien vorerst nicht an, zumal er sich taktvollerweise aller politischen Äußerungen oder gar Aktivitäten auf päpstlichem Boden enthielt. Von Pius VII., der ihn zunehmend schätzen lernte und an sich zog, kaufte er das Lehen Canino, ein Landgut bei Viterbo, wenige Meilen vom Meer und von der Heiligen Stadt entfernt. Dort, als schlichter, immer noch bürgerlicher Grundherr, ließ er sich mit der Familie nieder – und entwickelte bald Aktivitäten, die er im bisherigen Leben nicht im geringsten gelernt hatte.


### Italienische Idylle


Er baute Weizen und zog Weinreben und stellte ein verfallenes Eisenbergwerk wieder her. Er ließ eine verschüttete heiße Quelle freilegen und einfassen, so daß ein kleiner Kurort für die Öffentlichkeit auf seinem Gelände entstand. Unter den Fußböden seines alten Farnese-Ritterkastells entdeckte er die Reste einer altrömischen Villa, ließ weitergraben und fand Vasen, Werkzeuge, Schmuck aus etruskischer Zeit. So zahlreich waren die zutage ge-förderten Antiquitäten, daß es sich lohnte, sie zu konser-vieren, zu klassifizieren und auszustellen. Lucien tat all dies und war von nun an ein begeisterter Amateur-Ar-chäologe, dessen Veröffentlichungen auch wissenschaftli-che Anerkennung fanden.

Nicht genug damit, warf sich Lucien zudem auf die Poesie, in der er – auch darin ein klassischer Überzeu-gungs-Emigrant – eine Art Ersatzbefriedigung für die Politik suchte. Hier blieben seine Erfolge mäßig. Ein langatmig-holperiges Vers-Epos über Karl den Großen, das er dem Papst widmete und vorlesen durfte, wurde von der Literaturkritik ebenso verdientermaßen verrissen wie seine späteren dichterischen Erzeugnisse. Als Mäzen und Anreger freilich wurde Lucien bald Mittelpunkt ei-nes illustren Kreises von Künstlern und Gelehrten; er ge-wann die Zuneigung und den Respekt bedeutender Kul-turmenschen, nicht zuletzt die Freundschaft des Alexan-der von Humboldt.

So flossen seine Tage in der feierlichen Landschaft der Campagna scheinbar angenehm und ausgefüllt dahin. Lucien widmete sich seinen neuen Freunden und seiner Familie, die neben ihm und Alexandrine schon aus fünf Kindern bestand: zwei Töchtern aus der eigenen ersten Ehe, einer Tochter aus Alexandrines erster Ehe, dazu ei-nen gemeinsamen Sohn und einer gemeinsamen Tochter – nicht weniger als weitere acht Kinder sollten im Lauf der Jahre noch hinzukommen.

Eine Tagebuchnotiz aus dem Jahre 1806 rechtfertigt

Luciens beschauliche Existenz so: «Die Frage, warum ich nicht wie meine Brüder den Sprung ins kaiserliche Lager getan habe, kann ich nur damit beantworten, daß jeder nach seinem Geschmack lebt, und daß ich die Unauffälligkeit des Privatlebens dem Glanz des Thrones vorziehe, zumal wenn ich den Preis bedenke, den mein generöser Bruder mir dafür oktroyieren möchte. Zudem bin ich aus einer Laune heraus, die ich Republikanertum nenne, weder zum Befehlen noch zum Gehorchen geneigt – es sei denn, was letzteres betrifft, daß ich nur meine Pflicht tun will als freier Bürger eines freien Landes, als Christ und als Vater.»

Aber die vermeintliche Idylle trog nochmals. Die Familie Bonaparte ließ nicht nach in ihrem zähen Bemühen, Lucien doch noch zur Versöhnung mit Napoleon zu bringen. 1807 schrieb Schwester Elisa ihm einen ergreifenden Brief, in dem es hieß: «Mama und wir alle wären so glücklich, wieder eine einzige politische Familie zu sein. Lucien, tu es für uns, die wir Dich lieben, und für das Volk, das unser Bruder Dir anvertrauen will, damit Du es regierst und glücklich machst. Seine Majestät muß eine Familie haben, über die er verfügen kann. Du kannst mit dem Herrn der Welt nicht streiten wie mit Deinesgleichen! Die Natur hat uns zu Kindern *eines* Vaters gemacht, durch Napoleons Wundertaten sind wir seine Untertanen geworden. Obgleich wir Fürsten sind, verdanken wir alles ihm. Dies zu gestehen, ist ein edler Stolz. Unser einziger Ruhm besteht darin, durch unsere Regierung sich seiner würdig zu erweisen.»

In der Tat war selbst «Madame Mère» auf die kaiserliche Linie eingeschwenkt und beschwor Lucien: «Suche den Kaiser auf und beuge Dich seinem Willen. Er ist unser aller Vater (!) und hat das Recht zu fordern, daß seine Brüder sich ihm unterwerfen.»

### Ein neues Angebot

Die letzte Offerte Napoleons an den Bruder war äußerlich glanzvoller, sittlich aber für Lucien noch weniger akzeptabel als das frühere Angebot vom Jahre 1804. Luciens Ehe sollte nachträglich als gültig anerkannt, auch seine Kinder sollten legitimiert werden, aber pro forma müßte er sich alsbald scheiden lassen; danach sollte «Madame Jouberthon» zur Herzogin von Parma erhoben werden, und Lucien dürfte weiterhin so intim wie er wollte mit ihr zusammenleben – freilich nur außerhalb von Frankreich. Lucien selbst sollte sich dafür eine Krone aussuchen dürfen: Italien, Neapel, Sardinien oder Spanien – könnte es ihn nicht reizen, dort König zu sein, wo er einmal Botschafter war? – alles stände zu seiner eigenen Auswahl.

Im Dezember 1807 kommt es in Mantua, im Palazzo Guerrieri, zu einem langen nächtlichen Nikodemus-Gespräch zwischen beiden Brüdern, das für viele Jahre ihre letzte Begegnung sein soll. Gewissensfragen werden beiderseits temperamentvoll aufgeworfen, aber nicht gelöst.

Napoleon beschwört Lucien, sich der Idee des Kaiserreichs nicht länger zu verweigern. Er selbst, so vertraut er ihm an, werde sich aus Staatsräson von Josephine scheiden lassen und eine österreichische Prinzessin heiraten, um die Dynastie zu sichern. Er verlange von Lucien also nichts anderes, als was er selbst zu tun bereit sei. Er schmeichelt dem Bruder, lobt seine politischen Fähigkeiten, redet ihn wie in alten Zeiten als «Monsieur le Président» an. Er gestikuliert über der – wie stets auf dem Fußboden ausgebreiteten – Landkarte Europas und zeigt wie einst der Versucher auf dem Berge Tabor dem anderen die Länder, die er ihm geben wolle.

Lucien bleibt nicht unbeeindruckt. Sein Ehrgeiz regt sich wieder, vor allem sein Gefühl ist lebhaft angesprochen. Aber er gibt nicht nach. Wie er selbst berichtet – es gab keine Zeugen dieses Gespräches – will er dem Kaiser gesagt haben: «Und wenn Sie mir gar Ihr schönes Frankreich geben, um den Preis meiner Scheidung kann ich es nicht annehmen.»

Der Kaiser gerät in Jähzorn. Er beschimpft Lucien als ewigen unreifen Jakobiner, und in dieser Nacht soll er das berühmte Wort ausgestoßen haben: «Hat wohl irgendein Mensch in Europa so viel Ärger mit seiner Familie wie ich!» Lucien verläßt Mantua im Morgengrauen, fluchtartig, seine Verhaftung ernsthaft befürchtend.

Aber wiederum muß man zugeben: es spricht für die Gesinnung und wohl auch die Humanität Napoleons, daß er sich nicht zu erhaben dünkt, in einer persönlichen Botschaft an Frau Alexandrine sämtliche Angebote – natürlich vor allem die erbliche Herzogin-Würde von Parma – zu wiederholen. Wäre Alexandrine Bonaparte, verwitwete Jouberthon, geborene Bleschamps, die berechnende Kokotte gewesen, als die sie verleumdet wurde, dann hätte sie doch wohl jubelnd nach diesem Rang gegriffen – es bleibt eine Ironie der Geschichte, daß ausgerechnet Napoleons zweite Frau Marie Luise nach dem Sturz des Kaisers von Österreichs Gnaden Herzogin von Parma geworden ist, wo sie die Regierung allerdings weitgehend ihrem Liebhaber Neipperg überlassen hat.

Alexandrine will es nicht, nicht um den geforderten Preis, die Trennung von Lucien. Voller Tapferkeit und Stolz schreibt sie an den mächtigsten Mann der Welt: «Das Herzogtum Parma und der Genuß allen weltlichen Besitzes würde mich nur um so tiefer die schwarze Undankbarkeit empfinden lassen, mit der ich die Liebe des großherzigsten aller Männer vergelten müßte. Niedergeworfen zu den Füßen Eurer Majestät, erflehe ich die einzige Gunst, in irgendeinem Winkel Ihres Reiches friedlich zu leben. Nur diese Gunst erbittet auch Lucien. Wir gehören zueinander bis zum Tod.» Man ist an die Antwort erinnert, die Katharina von Württemberg ihrem Vater gab, als er ihre Trennung von Jerome verlangte.

Napoleons Erwiderung besteht in dem knappen Bemerken, er lasse sich seine Politik nicht von einem Weibe diktieren ...

Schon ein Jahr später wurde der Kirchenstaat kassiert und zu einer Provinz des Empire erklärt, der Papst verhaftet und nach Frankreich deportiert. Lucien war wieder das, was er nie mehr sein wollte: Untertan des Kaisers, nicht des Papstes. Auf seinem Lehnssitz Canino fühlte er sich bald auch persönlich nicht mehr sicher. Er glaubte Europa für die republikanische Freiheit verloren und richtete seine Augen nach Amerika – jenem so grenzenlosen wie großzügigen Land, das damals alle Dissidenten und Nonkonformisten magisch anzog. So verkaufte er einen Teil seiner beweglichen Habe, um ein Startkapital in der Neuen Welt zu besitzen.

Unter dem Vorwand, nach Korsika zu segeln, begab er sich im August 1810 mit der gesamten Familie und zahlreicher Dienerschaft an Bord der amerikanischen Fregatte «Hercules», die in Cicitavecchia ankerte und nach Philadelphia bestimmt war. Und da wurde er ein Opfer der lückenlosen englischen Kontinentalsperre: vor dem sardischen Cagliari brachte ein britisches Kriegsschiff die Fregatte auf. Lucien wurde zum Kriegsgefangenen erklärt und zunächst nach Malta, ein Vierteljahr später nach Plymouth gebracht.

So kaperte ihn England auf hoher See – nicht anders, als es einige Jahre später auch den Kaiser der Franzosen vor La Rochelle zur See gefangennahm – ihn, der ebenfalls nach Amerika flüchten wollte – eine zweite, tragische Ironie der Geschichte.

Die britische Regierung zeigte eine gewisse Unsicherheit bei der Behandlung ihrer prominenten Kriegsbeute. Die Opposition Luciens gegenüber seinem kaiserlichen Bruder war auch auf der Insel wohlbekannt, die Zeitungen berichteten darüber, und die Öffentlichkeit bekundete ihre Sympathie. So wurde der ewige Pechvogel zunächst mit Courtoisie aufgenommen. Er durfte, freilich gegen teures Geld, den Landsitz eines Lords mieten und nach Belieben neugierige Besucher empfangen, an denen kein Mangel war.

Nach dem Grundsatz «Der Gegner meines Feindes ist mein Freund» lag es nahe, daß man ihm politische Avancen machte, vom Exil aus in den Kampf gegen Napoleon einzugreifen. Aber da bewies Lucien aufs neue seinen lauteren Charakter, indem er jede publizistische Parteinahme für die britische Sache ablehnte. Er blieb ein treuer Sohn Frankreichs, obwohl er sein Frankreich ganz anders sah als Napoleon; dies blieb für ihn ein Bruderzwist im höchstpersönlichen Bereich, aus dem Frankreichs Gegner keinen Nutzen ziehen sollten.

Die Quittung des Inselreichs zeugte von geringem Großmut. Man verbot Lucien, aus literarischer Tätigkeit Gewinn zu ziehen – was ihm, zumal kein Geringerer als Lord Byron seine Arbeiten lobte, sehr wohl möglich gewesen wäre. Man unterwarf seine Briefpost der Zensur, verhängte eine Besuchersperre und verschärfte seine Bewachung, so daß er sich unbegleitet nur noch innerhalb einer Zweimeilenzone bewegen durfte.

Bald geriet Lucien auch in finanzielle Schwierigkeiten,

da ihn die Einkünfte aus seinem Lehen Canino nicht mehr erreichten. Er mußte Schulden machen, weil Napoleon jede familiäre Unterstützung, die Madame Mère gern geleistet hätte, untersagte. Schon zuvor hatte der Kaiser ihn aus der Liste der französischen Senatoren gestrichen und seine «ewige Verbannung» dekretiert. Endlich konnte Lucien seine englischen Gläubiger nur befriedigen, indem er seine mitgebrachte Gemälde zu Schleuderpreisen versteigern ließ.

Die Katastrophe der «Grande Armée» in Rußland nahm Lucien zum Anlaß, an Schwester Elisa zu schreiben: «In dunklen Wolken sammelt sich der Zorn des Himmels über Napoleons Haupt. Wenn er nicht aufhört, Unrecht zu tun, wird der Blitz auf ihn niedergehen und ihn vernichten.» Der Blitz schlug ein, 1814, als der Kaiser zum erstenmal in Paris abdanken mußte und in sein neues Miniaturfürstentum Elba gebracht wurde.

### Von päpstlichen Gnaden: Fürst von Canino

Damit, nach fast vier Jahren, endete Luciens Gefangenschaft. Die britische Regierung erteilte ihm gnädigst einen Paß, mit dem er nach Rom gelangte und wieder Besitz von seinem Lehen ergriff. Der heimgekehrte Papst nahm ihn mit hohen Ehren auf und belohnte die persönliche Treue seines Untertanen mit dem Titel «Fürst von Canino».

Wäre Lucien Bonaparte ein gewöhnlicher Durchschnittsmensch gewesen, so hätte für ihn nichts näher gelegen, als Genugtuung zu empfinden über die gerechte Wende seines Schicksals – Befriedigung, wenn nicht Schadenfreude, auch darüber, daß der große Bruder nun, zum Zwergfürsten degradiert, im Rang nicht mehr höher stand als er selbst. Er hätte das alte Leben im Schoß seiner großen Familie wieder aufnehmen und sich friedlich der Verwaltung seines Besitzes widmen können.

## «In Ihrem Lager, Sire!»

Daß Lucien ein Mann von größerer Dimension war, der ehrenhaft und ehrliebend stets die Seite der schwächeren Bataillone suchte – das beweist der jähe Umschlag seines Bewußtseins, der nun eine Welt in Erstaunen versetzte. Er, der dem gestürzten Kaiser nichts zu verdanken hatte als die Zerstörung seiner politischen Laufbahn, teilte dem Papst mit, er empfinde «zum erstenmal seit zehn Jahren, daß ich Napoleons Bruder bin und bei der Strafe, die ihn getroffen hat, nicht gleichgültig bleiben kann».

Das schrieb er, als noch niemand, auch nicht er selbst, von Napoleons Entschluß zur Rückkehr nach Frankreich wußte. Und als dieser Entschluß verwirklicht wurde, da begab sich Lucien – wie zur gleichen Zeit auch Jerome – mit Eilpost nach Paris, wo er im Mai 1815 eintraf. Noch nicht vierzigjährig, setzte er alles aufs Spiel, was er nach langen Jahren endlich erreicht hatte. Er stellte sich dem

Kaiser zur Verfügung mit den schier unglaublichen Worten: «Sire, ich möchte ab sofort an Ihrer Seite und in Ihrem Lager sein.»

Die Wiederbegegnung der feindlichen Brüder ist ein Knalleffekt mit Paukenschlag, wie er vielleicht nur einen wahren Franzosen zu Tränen rühren kann. Der Kaiser umarmte Lucien, löste sein eigenes Großkreuz der Ehrenlegion von der Brust, heftete es Lucien an und murmelte: «Ich bin bestürzt und beschämt, daß Sie dies noch nicht haben . . .»

### Neue politische Aufgaben

Mit Verve und Passion ging Lucien daran, aus seiner staatsmännischen Blockierung herauszutreten, dem Verfassungsrecht des neuen Reiches der Franzosen Konturen zu geben, Chefpropagandist eines gewandelten Napoleon zu sein. Dieser Wandel knüpfte an das Erbe der Revolution an. Schon beim Triumphzug durch Frankreich von Süd nach Nord waren neue-alte Töne angeschlagen worden: die Parole «Nous les lanternerons – Wir werden sie (die Feinde) an die Laterne hängen» tauchte plötzlich wieder auf.

Aber nicht nur im Negativen zeigte sich der frühere jakobinische Schwung. Napoleon schien ernsthaft und glaubhaft bemüht, eine konstitutionelle Monarchie einzuführen, das Volk an der Regierung zu beteiligen, das republikanische Element wieder zu beleben. Das eben war Luciens Metier und Absicht. Nach dem 18. Brumaire sah er die zweite große Stunde seines Lebens. Täglich hielt er nun dem Kaiser Vortrag: als persönlicher Ratgeber, als prominentes Mitglied des neues Parlaments, als Sprecher des fortschrittlichen Flügels der kaiserlichen Partei – und zugleich als «Kaiserlicher Prinz», der er nun endlich auch noch geworden war.

Am Entwurf der neuen Verfassung, die vom französischen Volk in einer Abstimmung mit überwältigender Mehrheit gebilligt wurde, hatte Lucien – neben Benjamin Constant, dem großen Liberalen – wesentlichen Anteil. Es mindert kaum den Wert dieser Leistung, daß er als Zeremonienmeister eine eher zweifelhafte Rolle spielte. Die verunglückte Verfassungsfeier auf dem Pariser Maifeld, als Napoleon sich in einer römischen Toga der verdutzten Menge zeigte und beinahe ausgelacht worden wäre – die geht leider auch auf Luciens Konto. Wie so oft in seinem Leben war ihm die Durchsetzung aufrichtig-spontaner Entschlüsse viel wichtiger als der äußere Eindruck, den er damit anrichtete.

### Generalstatthalter in Paris

Lucien amtierte, neben Bruder Joseph, als Reichsverweser und Generalstatthalter in Paris, während Napoleon und Bruder Jerome die letzte Bataille von Waterloo schlugen und verloren. Nie in seinem Leben hat er so viel arbeiten müssen (und dürfen) wie in jenen kritischen Wochen des Frühjahrs 1805. Er versuchte mit dem Mut der Verzweiflung, seinen spektakulären Erfolg vom 18. Brumaire 1799 zu wiederholen: ein Parlament, das Napoleon zunehmend kritisch, ja feindlich gesonnen war, wieder auf dessen Seite zu ziehen.

Aber als Emigrant hatte Lucien die Jahre des Kaiserreichs nicht miterlebt und die Wandlungen im öffentlichen Bewußtsein der Franzosen kaum bemerkt. Er glaubte, nahtlos an die Vergangenheit anknüpfen zu können, und damit mußte er scheitern – die Töne, die er 1799 so stimmig angeschlagen hatte, waren nicht mehr die rechten für das Jahr 1815. Immerhin und gleichwohl: Lucien setzte ein Zeichen für den Fortbestand des französischen Staates, der – in allen späteren Formen, über die Wiederkehr des Königtums, den Orleanismus, das Zweite Kaiserreich und endlich die Republik – fortan fest auf der demokratischen Idee von den Menschenrechten und Grundfreiheiten beruhte.

Nach dem endgültigen Sturz Napoleons versuchte Lucien, wieder nach Italien zu seiner Familie zu gelangen. In den savoyischen Alpen geriet er zum zweitenmal in Gefangenschaft; diesmal setzten ihn die Österreicher fest und internierten ihn in Turin. Auf dem Wiener Kongreß schlugen die royalistischen Diplomaten Frankreichs, die ihn gleichermaßen haßten als Kaiserbruder wie auch als Republikaner, allen Ernstes seine Verbannung nach Königsberg vor Lucien, der wieder einmal zwischen sämtlichen Stühlen saß, entging diesem Schicksal nur durch die Ablehnung des Königs von Preußen, der trocken bemerkte, einen so gefährlichen Mann wolle auch er nicht zum Untertan haben.

Endlich durfte Lucien in den reparierten Kirchenstaat nach Canino heimkehren. Aber selbst der Papst, gedrängt von den europäischen Mächten, nahm ihn in eine Art gelinden Hausarrest. Wenn Lucien Canino verlassen wollte, durfte er dies nur in Begleitung päpstlicher Gendarmen tun.

### Ernte des Lebens

Erst 1821, mit dem Tod Napoleons auf St. Helena, entfielen für Lucien wie für seine Brüder und Schwestern alle Einschränkungen der Bewegungsfreiheit und Lebensführung. Aber anders als seine Geschwister, die weiterhin ein unstetes Wanderleben unter angenommenen Alias-Namen führten, konnte Lucien nun den eigenen Mittelpunkt wieder gewinnen – war er doch als einziger Napoleonide ein selbstständiger Fixstern gewesen, kein Planet, der um die kaiserliche Zentralsonne gekreist war. Europa und auch sein päpstlicher Landesherr hatten seine politische Kehrtwendung während der hundert Tage vergessen oder verziehen. Übrig blieb die Erinnerung an ihn als den Nichtkompromittierten, den einen Mann, der Napoleon widerstanden hatte.

So blieb Lucien, was er lange zuvor gewesen war: Gutsbesitzer, Archäologe, Dichter und Schriftsteller, nicht zuletzt vorbildlicher Familienvater. Er behielt seinen Namen als Bonaparte und seinen Titel als Fürst von Canino. Er erntete, was er gesät hatte.

Nach der Juli-Revolution von 1830 entwarf er auf Wunsch republikanischer Kreise noch einmal eine Verfassung für Frankreich, eine ebenso intelligente wie zukunftsweisende Arbeit, die 130 Jahre später Ansatzpunkte für die gaullistische Verfassung geboten hat. Die starke Position eines vom Volk gewählten Staatspräsidenten, der gleichzeitig Regierungschef ist, und die häufige Kontrolle der Exekutive durch allgemeine Volksabstimmung gehen zurück auf Gedanken Luciens. So lohnt es sich heute noch, diesen damals nicht verwirklichten Entwurf, der in Frankreich großes Aufsehen erregte, zu lesen. Er ist – neben den Memoiren, den archäologischen Arbeiten und einem Epos über die korsische Heimat – eine der wichtigsten Veröffentlichungen Lucien Bonapartes.

Das Erbteil, das die wohlhabende Mutter Lätizia ihm hinterließ, verwendete Lucien für seine Ausgrabungen, die er nun in großem Stil auch außerhalb seines Landguts fortsetzte. Die Etrusker-Forschung hat ihm sehr viel zu verdanken. Lucien, stets begleitet von seiner treuen Alexandrine, kampierte noch als Sechzigjähriger im Zelt und vor Ort, beschäftigte umfangreiche Arbeiterkolonnen und förderte zahllose antike Kunstwerke ans Tageslicht. Eine ausgedehnte Korrespondenz verband ihn mit vielen Gelehrten Europas und Amerikas.

## Die Nachkommen

Mit seinen zwölf Kindern erlebte Lucien Leid und auch Freude. Der Sohn Pierre zettelte – nicht unähnlich Terroristen aus gutem Hause – eine Verschwörung gegen den Papst an, wurde wegen Mordversuchs an einem Polizisten zum Tode verurteilt und erst nach langen Bemühungen des Vaters von Papst Gregor XVI. begnadigt. Ein anderer Sohn, Paul, fiel an der Seite Lord Byrons im griechischen Freiheitskrieg gegen die Türken. Aber neben solchem Kummer gab es auch Genugtuung in reichem Maß. Der älteste Sohn Charles-Laurent, jenes erste Kind der Liebe mit Alexandrine, wurde ein weltberühmter Ornithologe und Botaniker, der dritte Sohn Louis-Lucien ein ebenso bekannter Erforscher der baskischen Sprache und späterhin französischer Parlamentarier. Die Töchter heirateten angesehene Männer von italienischem, schwedischem und englischem Adel, ein Enkel wurde Kardinal. Der letzte männliche Nackkomme starb 1924, der letzte weibliche Abkömmling erst 1962 als Prinzessin von Griechenland.

Lucien selbst verließ diese Welt am 30. Juni 1840, mit 65 Jahren, auf einer wissenschaftlichen Exkursion in Viterbo. Das Schicksal gewährte ihm die Gnade, früher als seine so sehr geliebte Frau und in ihren Armen zu sterben. Todesursache war die Familienkrankheit, die schon Vater Carlo, Bruder Napoleon, auch die Schwestern Elisa und Pauline hinweggerafft hatte – der Magenkrebs.

Das Leben Lucien des Bonaparte führt uns zu Erkenntnissen in vierfacher Hinsicht.

Erstens wohl, daß – nach einem Wort Winston Churchills – die schlimmsten Streitigkeiten gerade erst dann entstehen, wenn beide Parteien gleichermaßen im Recht und in Unrecht sind. Dies gilt für die schicksalhafte Beziehung zwischen Lucien und Napoleon. Mit dem Gegensatz zwischen einem philosophischen Träumer hier und einem politischen Realisten dort ist dieser Antagonismus nicht hinreichend zu erklären.

Gewiß ist Lucien – dessen Tragik es war, daß er als Republikaner am 18. Brumaire selbst den Untergang der Republik mitbewirkt hat – in der naiven Bejahung des Guten immer ein Jakobiner geblieben. Aber in der nüchternen Voraussicht vom Scheitern des Bruders war er es doch, der am Ende recht behielt. Und andererseits: die Größe Napoleons, die zugleich Frankreichs Größe ausmacht, beruht nicht auf dem harten Wirklichkeitssinn des Mannes und der Nation, sondern auf dem Triumph der Ideale über das Mittelmaß und die platte Vernunft – ein Postulat, das der Kaiser selbst mit dem Wort aufgerichtet hat: «Wer immer sein eigenes Leben höher stellt als den Ruhm und die Achtung seiner Kameraden, der sollte nicht ein Kämpfer für Frankreichs Ehre genannt werden.»

Die zweite Erkenntnis ist eine sehr private. Nicht selten erweisen sich jene ehelichen Verbindungen als die glücklichsten und dauerhaftesten, die unter düsteren Prognosen jeder Art, gegen den Rat der Wohlmeinenden, unter dem Spott der Böswilligen und zur Verwunderung aller geschlossen werden. Das Bündnis zwischen Lucien Bonaparte und Alexandrine Jouberthon – einst abgestempelt als Mesalliance eines «Mannes mit Zukunft» und einer «Frau mit Vergangenheit» – erwies sich als glorreiches Exempel einer Ehe, die von Liebe und Treue bis zum Tode geprägt war.

Versöhnlich und trostreich ist die dritte Einsicht. Lucien Bonaparte – ein geborener Staatsmann und, wie man heute sagen würde, ein Vollblutpolitiker – hat ein Leben gegen den Strich geführt, im Widerspruch zu seiner eigentlichen Begabung, die er nur selten und ansatzweise auswirken konnte. Stellvertretend für viele hat er bewiesen, daß der Mensch die Möglichkeit besitzt, auf Nebenkriegsschauplätze auszuweichen und dem Leben trotzdem Bedeutung und reichen Sinn zu verleihen.

Für die vierte, allerdings problematische Erkenntnis zitiere ich Luciens Biographen Felix Grayeff. Er schreibt: «In dem Gedanken, daß nur das Innere das Echte ist, liegt der Urquell dessen, was man in Europa Bildung nennt. Es ist ein aus dem Altertum stammender Gedanke, der sich in stoischer Prägung erhalten hat, und der im Kern die Auffassung einschließt, daß das Individuum eigengesetzlich, souverän ist, und daß ihm gegenüber selbst der Staat in moralischer Hinsicht nicht bestehen kann.»

Diese Maxime ist anfechtbar. Ich zögere, ihr zuzustimmen. Aber auch wer diese Auffassung nicht teilt, wird sich dem hohen Respekt nicht verschließen können, den Lucien Bonapartes Leben und Beispiel vor den Zeitgenossen und vor der Geschichte verdient hat.

# III.

## DIE GESCHWISTER

Weder die Zeitgenossen noch die Geschichtsschreiber sind mit den sieben Geschwistern Napoleons wohlwollend umgegangen. Die Beurteilung reicht von der knappen Bemerkung Stendhals: «Es wäre für Napoleon günstiger gewesen, wenn er überhaupt keine Familie gehabt hätte» bis hin zu der ungezügelten Beschimpfung Jaques Pressers: «Ein Haufen ekelerregenden Geschmeißes, versessen auf Throne und Millionen, nimmersatt und undankbar ... als Militärs vollkommen untauglich, als Diplomaten völlig korrupt, als Fürsten Parodien auf ihren Bruder, Intriganten, Feiglinge, Dirnen, Diebe, Verschwender ...»

Aber die Wespen nagen nicht an den schlechtesten Früchten. Für Jerome und Lucien dürfte dies nach dem bisher Gesagten wohl glaubhaft sein. Sehen wir uns abschließend noch kurz die beiden übrigen Brüder Napoleons und die drei Schwestern an – man kann in der Tat, was sie betrifft, Stendhals Urteil auch umkehren: ohne den Schatten Napoleons, der ebenso wie seine Sonne auf sie fiel, wären sie von der Historie günstiger beurteilt worden.

93

Da war Joseph (1768–1844), das erstgeborene Kind der
Familie Bonaparte-Ramolino – etwas introvertiert, still,
sanft und klug. Das militärische Wesen lag ihm weniger
als Napoleon, Louis und Jerome. Früh zum Priesterberuf
bestimmt, wandte er sich bald von der Theologie zur
Rechtswissenschaft und zu den schönen Künsten, war
eifrig im Lesen und Schreiben, interessierte sich aber
auch für wirtschaftliche Fragen und wurde so ein treffli-
cher, eher konservierender als aggressiver Verwalter seiner späteren Königreiche wie auch des Familienvermö-
gens.

Ihm fiel es nach dem Tod des Vaters nicht sonderlich
schwer, die natürliche Rolle des Familienvorstands an
den nur ein Jahr jüngeren Napoleon abzutreten, als dessen Genie und Durchsetzungskraft offenbar wurden. Eine gewisse Eifersucht gegen den Bruder schlug verständ-
licherweise manchmal in Josephs Verhalten durch, und er
hat insgeheim immer gehofft, einmal die politische Erbfolge Napoleons anzutreten.

Als Parlamentsmitglied und prominenter Rechtsanwalt
beriet er, neben Lucien, den Ersten Konsul während dessen Regierungszeit, wurde Gesandter in Parma, dann
Botschafter beim Heiligen Stuhl in Rom. Die Krone des
neugeschaffenen «Königreichs Italien» – das Napoleon
dann von seinem Stiefsohn Eugen Beauharnais als Vize-
könig verwalten ließ – lehnte er ab, weil sie ihm nicht genug Unabhängigkeit versprach. 1806, mit schon 38 Jah-

ren reifer und erfahrener als die übrigen Geschwister, erhielt er anstelle der verjagten Bourbonen das Königreich Neapel.

Die zwei Jahre, die er dort verbrachte, waren wohl die glücklichste Zeit seines Lebens. Der italienschen Sprache perfekt mächtig und der katholischen Kirche wohlgesonnen, ging er als gelernter Jurist mit Bedacht und Methode an die dringend nötigen Reformen. Er beseitigte die Privatgerichtsbarkeit der Barone, verwandelte die Feudalgüter des Adels in Bauernhöfe und tilgte die Staatsschuld, die siebenmal höher als die französische war. Er führte das napoleonische Rechtssystem und den Kataster ein, vereinfachte das Steuerwesen und rettete die Ruinen von Pompeji, die der endgültigen Zerstörung nahe waren. Als «Philosophenkönig», wie man ihn in Neapel nannte, erwarb er sich Respekt und Ansehen. Seit spätrömischer Zeit war er in Süditalien der erste Landesherr, der alle Provinzen seines Reiches systematisch bereiste und selbst nach dem Rechten sah.

Als seine Beliebtheit in allen Volksschichten den Zenit erreicht hatte, versetzte Napoleon ihn kurzerhand vom warmen neapolitanischen Golf in das rauhe Hochland von Kastilien, wo er ihn dringender zu benötigen glaubte. Er mutete ihm 1808 mit der Krone Spaniens – und das zeigt, wie hoch er den älteren Bruder einschätzte – die härteste Aufgabe zu, die er je einem Familienmitglied übertrug. Es war eine Mission, an der damals wohl jeder Franzose hätte scheitern müssen – so auch Joseph.

Die spanische Bevölkerung zeigte den Franzosen, die

das Land besetzt hatten, offene Feindschaft. Die religiös-klerikale Opposition, stark und patriotisch, erwies sich der kaiserlichen Armee als überlegen. Unter Aufbietung aller Kräfte – sein Arbeitstag begann im Morgengrauen und endete spät in der Nacht – tat König Joseph, was immer er konnte. Er gab Spanien eine Verfassung und eine Legislative, baute Straßen, versuchte eine Landreform durchzusetzen. Es nützte so gut wie nichts. Er gewann weder die Liebe des Volkes noch die Sympathie der übermächtigen Geistlichkeit. Ausgerechnet er, der regelmäßig die Messe besuchte und keinen Tropfen Alkohol zu sich nahm, wurde als «Atheist, Gesandter des Satans und abscheulicher Trunkenbold» verleumdet.

Nach der 1813 gegen die Engländer verlorenen Schlacht von Vitoria mußte Joseph zum zweitenmal ein Königreich verlassen. Damals fiel seine Feldkutsche mit umfangreichen Memoiren-Mauskripten in die Hände der Sieger. Diese Unterlagen, erst 1977 in das französische Nationalarchiv gelangt, harren heute noch der Auswertung.

Joseph widmete sich in den beiden folgenden Jahren politisch-parlamentarischen Aufgaben in Paris, verwaltete sein Landgut Mortefontaine, war Reichsverweser während der hundert Tage und wollte sich in großzügiger Weise für den Bruder opfern, indem er ihm anbot, mit ihm die Kleidung zu tauschen und statt seiner in englische Gefangenschaft zu gehen – damit jener nach Amerika entkäme. Napoleon lehnte dies ab, und so war es Joseph, der unter dem angenommenen Namen «Graf von

Survilliers» nach Amerika emigrierte. Er kaufte Land bei Philadephia und lebte zurückgezogen, wenngleich in guten finanziellen Verhältnissen.

Politische Oppositionskreise in Portugal und in Griechenland boten ihm die Krone ihres jeweiligen Landes an. Joseph, vom Ehrgeiz keineswegs umgetrieben, stand nicht mehr zur Verfügung. Er habe, wie er bemerkte, schon zwei Kronen getragen und sei einer dritten nicht bedürftig ... Aber die Sehnsucht nach Europa trieb auch ihn später in die alte Familienheitmat, die Toskana zurück. Er starb 1844 in Florenz, ohne männliche Nachkommen zu hinterlassen. Eine seiner beiden Töchter hatte den ältesten Sohn seines Lieblingsbruders Lucien geheiratet.

### Louis – der gute Käsekönig

Man muß zugeben, daß Louis Bonaparte (1778–1846), Lätizias zweitjüngster Sohn, nicht das Format seiner Brüder erreichte. Das lag nicht an mangelnder Begabung, Trägheit oder schlechtem Willen, sondern an schwerer Nervenkrankheit, die zunächst körperlich als Arthritis seine Hände und Füße fast lähmte, dann auch Seele und Gemüt ergriff.

Louis war der Lieblingsbruder Napoleons, über den er in der Jugend einmal schrieb: «Ich glaube, er wird sich unter uns Brüdern einmal als der tüchtigste Kerl erweisen!» Beide hatten gemeinsam – Napoleon als Leutnant,

Louis als Kadett – in französischen Garnisonen gedient und ein gemeinsames Zimmer bewohnt, wo Napoleon für den kleinen Bruder kochte. Während des Italienfeldzugs war Louis Adjutant des Generals Bonaparte, und in der Schlacht von Arcole hat er ihm mit großer Tapferkeit das Leben gerettet – ein Verdienst, das Napoleon nie vergaß.

Seine Königskrone bekam Louis fast gleichzeitig wie Joseph, 1806, ein Jahr früher als Jerome. Die «Batavische Republik» wurde zum Königreich Holland umgewandelt, das Louis regieren sollte. «Niemals aufhören, Franzose zu sein!» mahnte ihn Napoleon vor der Abreise nach Amsterdam. Louis, pflichteifrig und von fast hypochondrischer Gewissenhaftigkeit, tat das gerade Gegenteil und erklärte dem Bruder in aller Form, mit seinem Regierungsantritt habe er die Nationalität gewechselt. Er entwickelte sich zum totalen Holländer, lernte sofort die Sprache des Landes und verteidigte holländische Interessen nicht in erster Linie gegen den äußeren Feind England, sondern gegen Napoleon und das Empire.

Anders als Jerome gelang es ihm sogar, seine Untertanen vom französischen Armeedienst befreien zu lassen und den Abzug der französischen Besatzungstruppen zu erreichen. Er unterlief, obwohl Napoleon Wachtposten an Häfen und Kanälen aufziehen ließ, die für Holland besonders schädliche Kontinentalsperre, indem er den Warenschmuggel nicht nur duldete, sondern tatkräftig unterstützte. Damit und durch andere Maßnahmen förderte er Handel, Industrie und Landwirtschaft. Besonders kümmerte er sich persönlich um die Armenpflege und die Humanisierung des Strafvollzugs.

Die entzückten Holländer lobten «ihren» Louis bald als «guten Käsekönig». Napoleon war von seiner Regierung weniger begeistert und kanzelte ihn schon 1807 ab: «Ein Fürst, der sich im ersten Jahr seiner Regierung den Ruf der Gutmütigkeit erwirbt, wird im zweiten Jahr ausgelacht! Könige sollten auf männliche Art geliebt werden, Respekt erheischen und den Durst nach Ruhm erwecken!» Außer der Stiftung eines Adels und eines Verdienstordens für seine Holländer tat Louis nichts dergleichen.

Bald darauf nahm Napoleon dem Widerspenstigen die südliche Hälfte seines Reiches weg und gliederte sie unmittelbar Frankreich an. Auf seinem Restgebiet immer stärker von übergreifender französischer Exekutive eingeschränkt, verfiel Louis zunehmend den Auswirkungen seiner Krankheit, die sich im Meeresklima verschlimmerte. Hinzu kamen häusliche Querelen; die Ehe mit Hortense, Napoleons Stieftochter aus erster Ehe, verlief unglücklich. Hortense, lebhaft und flatterhaft wie ihre Mutter, setzte Louis oft genug Hörner auf. Ein Spottvers lief um: «Der König von Holland macht Konterbande, und seine Frau macht falsche Louis.» Das trieb ihn, den ohnehin Eifersüchtigen und Mißtrauischen, in tiefe Depressionen.

1810 tat Louis, was keiner seiner königlichen Brüder wagte: er legte freiwillig die Regierung nieder mit der wohl einleuchtenden Begründung, er könne sie gegen die französische Übermacht nicht mehr zum Nutzen des Landes ausüben. Was von seinem Holland übriggeblieben war, wurde sofort von Frankreich kassiert. Als «Graf von St. Leu» ging er ins selbstgewählte Exil nach Österreich, später nach Italien. Er veröffentlichte Gedichte und Romane, verbrachte aber die meiste Zeit mit Badekuren und verfiel körperlich immer mehr. 1846 starb er in Livorno.

Einer der Söhne aus Louis' Ehe mit Hortense war der spätere Napoleon III. Louis hatte lange Zeit bestritten, Erzeuger des Kindes zu sein, und gänzlich geklärt ist die Vaterschaft bis heute nicht.

## *Elisa – der Mann unter den Schwestern*

Von den Schwestern Napoleons war Elisa (1777–1820) die älteste, und zugleich unter allen Geschwistern derjenige Mensch, der ihm intellektuell und charakterlich am meisten glich. Als maskuliner Typ soll sie ihm auch äußerlich am ähnlichsten gewesen sein – für eine Frau keine körperliche Empfehlung, denn sie galt als häßlich.

Elisa – getauft auf den Namen «Maria Anna», den sie später auf Anraten Luciens ablegte – war einige Jahre lang im feinen Töchter-Institut von St. Cyr erzogen worden, wo Napoleon sie vor eindringenden Sansculotten herausgepaukt und sie damit vor Vergewaltigung oder gar vor dem Tod gerettet hatte. Was sie in St. Cyr lernte – Ordnung, Disziplin, Systematik, Akkuratesse – wurde für ihr Leben wichtig: in Verwaltungskunst und Organisationstalent übertraf sie Joseph, erreichte sie fast Napoleon selbst.

Als rechtes Mannweib konnte sie nur einen Gatten heiraten (oder es doch mit ihm aushalten), der ihr geistig und energiemäßig unterlegen war. Sie fand ihn in Felix Bacciochi, einem unbedeutenden Subaltern-Offizier aus korsischem Kleinadel, der sechzehn Jahre gebraucht hatte, um vom Leutnant zum Hauptmann aufzusteigen. Napoleon hielt ihn mit einigem Recht für einen Nonvaleur und würde die Heirat gewiß auch verboten haben, wenn er mit dem häßlichen Mädchen Elisa ähnlich wichtige Pläne gehabt hätte wie mit den Brüdern Jerome und Lucien. Er hatte sie nicht, denn Elisa stand – vielleicht wegen ihrer allzu großen Ähnlichkeit des Wesens – seinem Herzen nicht sonderlich nahe.

Sie kämpfte jahrelang darum, an den Regierungsgeschäften beteiligt zu werden. Napoleon versuchte es mit ihr vorsichtig, probeweise, die Aufgaben jeweils steigernd: erst bekam sie das Zwergfürstentum Piombino, dann das Herzogtum Lucca, endlich wurde sie 1808 zur «Großherzogin der Toskana» befördert. Dies war eigentlich nur ein Ehrentitel, denn die Toskana war nicht ein selbständiges Land des Empire wie Holland, Neapel oder Westfalen, sondern ein schlichter Verwaltungsbezirk des französischen Staates. Elisa regierte also nicht wie Louis, Joseph und Jerome aus eigenem souveränem Recht (woran Napoleon sie einmal deutlich erinnern

mußte), sondern war nur Präfektin eines Departements –
nicht mehr, aber auch nicht weniger, und daraus hat sie
sehr viel gemacht.

Sie verdoppelte die Seidenproduktion, renovierte Ei-
senhütten, Gerbereien und Seifenfabriken. Die Mar-
mor-Steinbrüche von Carrara exportierten Grabsteine,
Statuen, Vasen und Piedestale – nach Tunis wurde gar
eine komplette schneeweiße Moschee geliefert – und
gaben tausenden Menschen lohnende Arbeit. Die
«Amazone vom Arno», im Florentiner Palazzo Pitti re-
sidierend, gründete eine Akademie für Architektur, eine medizinische Hochschule, zwei öffentliche Biblio-
theken und, in Nachahmung von St. Cyr, das «Elisa-
Institut» für Mädchenerziehung. An ihrem Hof verkehrten Bartolini und Canova, Tieck und Rauch, Thor-
waldsen und Paganini.

Den armen Marchese Bacciochi schleppte Elisa an die
wechselnden Orte ihrer Herrschaft als Prinzgemahl
mit. Napoleon hatte ihm von vornherein klargemacht,
daß er seinen Rang nur seiner Frau zu verdanken habe
und zu keinerlei Regierungsakten befugt sei. Da Felix
Bacciochi hieran ohnehin nicht interessiert war, widmete er sich nach seinem Abschied vom Militär lediglich
seiner Geige und seinen Mätressen.

Nach dem Sturz Napoleons verhandelte Elisa vergeblich mit den alliierten Mächten über eine Fortsetzung ihrer Herrschaft, wie sie der Toskana gewiß gut bekommen
wäre. Im Exil zu Triest, wo sie Jerome noch finanziell
unterstützen konnte, starb Elisa als «Gräfin von Campi-

gnano» im Alter von erst 43 Jahren – ein Jahr früher als der große Bruder, den sie so glühend verehrt, nach dem sie sogar ihre Tochter «Napoléone» genannt hatte.

## Pauline – weiblicher Springinsfeld

Ursprünglich hatte das hübsche Mädchen (1780–1825) «Carlotta», dann «Paoletta» geheißen, bis es (wieder auf Empfehlung Luciens) den Namen Pauline annahm. Von unzerstörbar heiterer Wesensart, starker Phantasie, mäßiger Bildung und völliger Disziplinlosigkeit, war Pauline Bonaparte wohl das einzige Mitglied der Familie, das alle Wechselfälle der napoleonischen Karriere ohne sichtbaren Schaden an Seele und Gemüt überdauerte.

Früh schon wurde «Madame Firlefanz», wie Napoleon seine Lieblingsschwester gutmütig neckte, eine «Madame la Générale». Der Bruder verheiratete sie mit dem blutjungen General Leclerc, der dann als Oberkommandierender des französischen Expeditionskorps auf Haiti am Gelbfieber starb. Den Verlust der Kolonialinsel bedauerte Pauline hauptsächlich wegen des Ausfalls der Schokolade, die sie zum Frühstück gern trank. Auch dem General Leclerc trauerte sie nicht lange nach und war begeistert, als sie kurz darauf einen echten Fürsten (wenn auch ohne Land) heiraten durfte: Camillo Borghese, päpstlicher Thronassistent vom römischen «schwarzen Adel». Die Ehe wurde nicht glücklich, weil Pauline an Camillo kein sexuelles Genügen fand und es vorzog, wechselnden Männern kurzfristig die Köpfe zu verdrehen.

Bei Napoleon genoß sie Narrenfreiheit. Nichts konnte seine Sympathie für sie schwächen, und 1806 erhielt sie fast gegen ihren Willen, was Elisa mühsam ertrotzen mußte: ein eigenes Land, vielmehr ein Ländchen, das Fürstentum Guastalla, bestehend aus einem oberitalienischen Marktflecken bei Parma, von einigen Kuhdörfern umgeben. Aber Pauline war nicht aus Elisas Holz geschnitzt und hielt nichts davon, sich zu einem größeren Reich hinaufzudienen. Sie weinte, als sie ihr Fürstentum wegen seiner Zwerghaftigkeit auf der Landkarte kaum finden konnte, und hatte nicht mehr die geringste Lust, es zu regieren oder auch nur in Augenschein zu nehmen.

So durfte sie Guastalla alsbald an Napoleon zurückgeben und bekam zum Ersatz französische Domänen im gleichhohen Rendite-Wert, so daß sie ihr Leben in Saus und Braus fortsetzen konnte.

Einem Menschen allein bewies Pauline Treue und Anhänglichkeit, dem Bruder «Nabulione». Zu ihrer Ehre muß betont werden, daß sie sich ihm gegenüber im Unglück von allen Geschwistern am anständigsten betragen hat. Sie opferte ihm ihren Schmuck und teilte sein Exil auf Elba, wo sie ihn mit Späßen und Drolligkeiten aufmunterte. Sie hätte ihn auch nach St. Helena begleitet, wenn die Engländer es genehmigt hätten. Sie schrieb Brandbriefe an die Potentaten Europas, ihr Bruder vertrüge das Klima nicht und müsse befreit werden. 1821, als sie gerade einen neuen Anlauf unternahm, nach St.

Helena zu fahren, wurde ihr Bemühen durch die Nachricht vom Tod des Bruders überholt.

Diese edle Haltung versöhnt mit manchen Fehlern ihres unordentlichen Lebens.

In seinem Testament schrieb der entthronte Kaiser: «Pauline war die schönste Frau ihrer Zeit. Und sie war stets das beste aller lebenden Wesen. Sie wird es bleiben bis ans Ende ihrer Tage.»

Pauline Bonaparte starb vier Jahre später in Rom. In der Krypta von Santa Maria Maggiore ist sie begraben. Ihr Katafalk steht zwischen den Särgen zweier Päpste aus dem Hause Borghese.

### Caroline – ein Kopf wie Cromwell

Auch die jüngste Schwester (1782–1839) ließ sich von dem unerbittlichen klassizistischen Namens-Reformator Lucien bewegen, ihren Taufnamen «Maria Annunziata» abzulegen und statt dessen «Caroline» zu wählen.

«Ein Kopf von Cromwell auf den Schultern eines hübschen Weibes», sagte Talleyrand über Caroline. In der Tat: diese Frau kombinierte äußere Schönheit mit Energie und Willenskraft, neigte aber zum Intrigantentum und lohnte Napoleon die Wohltaten, die er auch ihr zuwandte, mit grobem Undank.

Nach Napoleons Wunsch heiratete Caroline einen der tapfersten Haudegen Frankreichs, den Reitergeneral Joachim Murat, der aus eigener Kraft, aber auch mit geschickter Hilfe seiner Frau, im Kaiserreich einen kometenhaften Aufstieg erlebte. 1804 schon Marschall und Großadmiral (obwohl er das Meer kaum gesehen hatte), wurde er 1805 kaiserlicher Prinz – ein Titel, der den Ehemännern der beiden anderen Schwestern nicht zuteil wurde, den allein Caroline für ihn durchgesetzt hatte. 1806 entsandte Napoleon das Paar in das neugebildete Großherzogtum Berg nach Düsseldorf, damit es in diesem Rheinbund-Staat das begänne, was Jerome später auch in Westfalen tun sollte: den Deutschen die Errungenschaften der Revolution und des Empire bringen.

So markierten Caroline und Murat den Beginn einer neuen politisch-sozialen Ära an beiden Ufern des Rheins. Die taktische Behutsamkeit ihrer Reformen, von dem tüchtigen Präfekten Beugnot unterstützt, unterschied sich wohltuend von dem gröberen Zugriff, der einige Jahre später unter direkter französischer Herrschaft einsetzte.

Schon 1808 durfte das Ehepaar Murat, das seine Bewährungsprobe bestanden hatte, die Nachfolge Josephs in Neapel antreten. Dort in Süditalien haben Caroline und Murat das Reformwerk des Vorgängers nachhaltig fortgesetzt, wobei Caroline selbst sich aktiver zeigte als ihr vorwiegend am Militärischen interessierter Ehemann, der denn auch fallweise zu vorübergehender Kriegsdienstleistung abgerufen wurde. Aber die gefühlsmäßige Bindung, die eben Murat als Soldaten stets mit Napoleon verknüpfte, schwand bei Caroline zusehends. Sie war es, die ihren Mann dazu trieb, mit Österreich zu konspirieren und sich gegen Frankreich zu stellen, um das eigene Reich zu erhalten.

1814 kam es zum offenen Verrat. Caroline ließ alle Franzosen ausweisen, und Murat griff die französische Besatzungsarmee an. Doch der Treuebruch zahlte sich nicht aus. Die Alliierten wollten nicht das Ehepaar Murat, sondern wieder die Bourbonen auf dem Thron von Neapel sehen. Murat wechselte nochmals die Front, stellte sich während der hundert Tage erneut auf die Seite Napoleons, wie Ney und andere Marschälle es taten, wurde von den bourbonischen Truppen gefangengenommen und als Hochverräter erschossen.

So rettete Murat seine Ehre – Caroline hatte sie nicht gerettet. Sie tröstete sich mit einem anderen übriggebliebenen Soldaten der Großen Armee, dem Exmarschall Macdonald, den sie im Exil heiratete. Auch konnte sie sich mit großen Reichtümern trösten, die Murat ihr hinterlassen hatte. Sie starb mit 57 Jahren in Florenz – eine Frau von bedeutenden Fähigkeiten, aber von Herrschsucht und maßlosem Ehrgeiz, ohne charakterliche Tugend.

### Fazit

Eines war allen Geschwistern Napoleons gemeinsam, soweit sie zur Regierung von Ländern berufen waren. Sie versuchten, sich aus der ihnen zugemuteten Rolle als bloße Statthalter des großen Bruders zu lösen und Herrscher aus eigenem Recht, mit eigener Verantwortung zu sein.

Kaum hatten sie den Thron bestiegen, so identifizierten sie sich mit «ihren» Völkern und waren aufrichtig bemüht, in deren Interesse ihr Bestes zu leisten. Dieses Beste war nicht wenig.

Als der von Napoleon verjagte Bourbonenkönig nach Neapel zurückkehrte, mußte er zugeben, sein Reich wäre noch nie so gut verwaltet worden wie unter Joseph Bonaparte und Caroline Murat, und sein Sohn fügte träumerisch hinzu: «Wie hätten wir das Land erst vorgefunden, wenn wir noch zehn Jahre länger im Exil geblieben wären!» Was Elisa für die wirtschaftliche und kulturelle Blüte der Toskana getan hat, kann sich durchaus mit den Erfolgen der Mediceer in dieser Region vergleichen. Jerome schuf in Westfalen die Grundlagen für Schulerziehung, Bürgerrechte und Bauernbefreiung. Selbst die Bemühungen des kränkelnden Louis um Selbstständigkeit und Fortschritt seines Reiches wurden von den Holländern dankbar anerkannt; in der Reihe der niederländischen Monarchen, in der an bedeutenden Figuren kein Mangel ist, kann «Koning Lodewijck» sehr wohl bestehen.

Die Frage «Was wäre, wenn...», die sich insbesondere bei Lucien so reizvoll stellt, ist in der Geschichtsbetrachtung allemal müßig. Wir können nicht wissen, welche Rolle das hochbegabte Geschlecht der Bonapartes ohne das Genie des einen und einzigen Napoleon in Europa gespielt hätte. Was ihnen bleibt, reicht aus für den Nachruhm fast aller Napoleoniden. Sie haben Zeichen gesetzt und Spuren hinterlassen, die auch Haß, Mißgunst und Parteilichkeit bis heute nicht zerstören konnten.

# LITERATUR

Berding, Napoleonische Herrschafts- und Gesellschafts-
politik im Königreich Westfalen 1807–1813. Kritische
Studien zur Geschichtswissenschaft, Bd. 7. Göttingen
1973.

Berthaut, Le roi Jerome. Paris 1954.

Boltenstern, Am Hofe König Jeromes. Berlin 1905.

Cronin, Napoleon. Hamburg/Düsseldorf 1973.

Fabre, Jérôme Bonaparte roi de Westphalie. Paris 1952.

Geer, Napoleon and his family. 3 Bde. London
1928–1929.

Goecke-Ilgen, Das Königreich Westphalen. Sieben Jahre
französischer Fremdherrschaft in Deutschland,
1807–1813. Düsseldorf 1888.

Grayeff, Lucien Bonaparte, Bruder des Kaisers – Gegner
des Kaiserreichs. Hamburg 1966.

Kaisenberg, König Jerome Napoleon. Leipzig 1899.

Kircheisen, König Lustig, Napoleons jüngster Bruder.
Berlin 1928.

Kleinschmidt, Geschichte des Königreichs Westfalen.
Gotha 1893 (Reprint Kassel 1970).

Masson, Napoléon et sa famille. 13 Bde. Paris
1897–1919.

Piétri, Lucien Bonaparte. Paris 1939.

Piétri, Lucien Bonaparte à Madrid. Paris 1951.

Presser, Napoleon. Das Leben und die Legende. Stuttgart 1977.

Stacton, Die Bonapartes. Wien/Hamburg 1968.

Stendhal, Vie de Napoléon. Œuvres complètes, Bd. I. Paris 1929.

Wertheimer, Die Verbannten des Ersten Kaiserreichs. Leipzig 1897.

Wohlfeil, Napoleonische Modellstaaten. W. von Groote (Herausg.), Napoleon I. und die Staatenwelt seiner Zeit. Freiburg 1969.